ÉTUDES SCIENTIFIQUES

SUR UNE

Organisation sociale logique, nécessaire, conforme aux lois naturelles

COLLECTIVISME - INTÉGRAL - RÉVOLUTIONNAIRE

PAR ÉDOUARD BOULARD

On n'a [...] à la transformati[on] [...] la plus rapide possible [...] [du] matérialisme [...] s'il n'y a [...] [...] et [...] [...] [...] [...] et [...] toutes les [...]

ONZIÈME ÉDITION

Avril 1889. — 13ᵉ mille

PRIX FRANCO 0 FR 70

ŒUVRE DE PROPAGANDE, REPRODUCTION AUTORISÉE

PARIS

Revue socialiste, 8 Rue des Martyrs,
et chez Lecourtois, 38, Rue Daubenton

EN PRÉPARATION

CONSTITUTION RÉPUBLICAINE, que les collectivistes fran çais chargent leurs mandatai es de présenter et de défendre à la Constituan'e de 1889.

Hostilités avouées et cachées de pseudo-socialistes contre toute solution possible du Socialisme.

Le jour et le lendemain de la Révolution.

Un toast maçonnique .*ₓ

Les droits et les devoirs des citoyens et citoyennes au moment actuel.

COLLECTIVISME-INTÉGRAL-RÉVOLUTIONNAIRE. Développements.

ÉTUDES SCIENTIFIQUES

SUR UNE

Organisation sociale logique, nécessaire, conforme aux lois naturelles

COLLECTIVISME - INTÉGRAL - RÉVOLUTIONNAIRE

PAR ÉDOUARD BOULARD

> Ont intérêt à la transformation
> sociale la plus rapide possible de
> l'état social individualiste non
> seulement ceux qui y sont spoliés
> victimes, mais aussi ceux qui en
> possèdent et acceptent tous les
> avantages

— — — >•< — — —

ONZIÈME ÉDITION
Avril 1889. — 13e mille

— >•< —

PRIX FRANCO . 0 FR. 70

ŒUVRE DE PROPAGANDE, REPRODUCTION AUTORISÉE

PARIS

Revue socialiste, 8, Rue des Martyrs;
et chez LECOURTOIS, 38, Rue Daubenton.

EN PRÉPARATION

CONSTITUTION RÉPUBLICAINE, que les collectivistes français chargent leurs mandataires de présenter et de défendre à la Constituante de 1889.

HOSTILITÉS avouées et cachées de pseudo-socialistes contre toute solution possible du Socialisme.

LE JOUR et le lendemain de la Révolution.

UN TOAST maçonnique .*.

LES DROITS et les devoirs des citoyens et citoyennes au moment actuel.

COLLECTIVISME-INTÉGRAL-RÉVOLUTIONNAIRE. Développements.

Collectivisme-Intégral-Révolutionnaire

Au Citoyen MALON

AVIS AUX LECTEURS

Les trois petites études qui suivent résument tout ce que, depuis 1867, les socialistes conscients affirment et propagent partout où ils en trouvent l'occasion.

A ces militants, bien des citoyens demandent :

« Dans quel ouvrage se trouve l'exposé de vos doctrines ? »

La réponse quant à nous a toujours été :

« Les détails de nos convictions nous ont été fournis par les œuvres, anciennes et contemporaines, des penseurs socialistes et des vrais savants.

Ces détails, nous les réunissons, en les résumant, dans une brochure intitulée : *Collectivisme-Intégral Révolutionnaire* ».

L'affirmation dernière était un engagement que nous prenions vis-à-vis de nous-même, il nous a — sitôt que la possibilité pécuniaire nous l'a permis — fait éditer ce petit volume dans lequel sans peur, sans faiblesse, sans exagération nous avons voulu être concis et clair, équitable et vrai ; puissions-nous avoir réussi ? pour le moins nous y avons exprimé toute notre pensée, nous y avons, toujours, été sincère et bien intentionné.

Par l'expression ci-dessus *Collectivisme-Intégral-*

Révolutionnaire, nous voulons indiquer la philosophie qui est affirmée et contenue, en abrégé, dans
les trois études suivantes ; et, aussi, une forme d'état
social qui sera basée sur la réciprocité des services
et une solidarité effective ; que cette réciprocité et
cette solidarité devront être rendues obligatoires et
faciles à tous et pour tout ; que la réalisation de
cette forme d'état social nécessitera le changement
de la base de tous les états sociaux actuels ; et que,
pour ce changement qui peut s'opérer, facilement,
par de rapides évolutions, *si, hélas, l'égoïsme étroit
et hypocrite de quelques-uns y met obstacle les spoliés
et les hommes d'honneur seront obligés d'employer la
force, car alors cet emploi sera un droit et un devoir
pour eux tous.*

Lecteurs, si, dans les pages que vous allez lire,
nous sommes revenus plusieurs fois sur certaines
idées, c'est que plus une idée nous paraît importante,
plus nous croyons devoir la répéter dans nos travaux;
et comme nous n'y cherchons que le vrai, *quel qu'il
soit*, nous répondrons toujours et serons reconnais-
sant à qui nous demandera des explications ou nous
adressera des critiques et des objections sur cet écrit
et ceux que nous avons faits et pourrons faire ; en
procédant ainsi, nous désirons arriver, pour tous et
avec tous, à faire un travail probant, aussi court et
complet que possible, pour lequel nous n'aurons
choisi ni nos preuves, ni la manière de les présenter :

Edouard Boulard.'.

*Républicain, Collectiviste-Intégraliste-
Révolutionnaire.*

A 11 ans 1|2 apprenti monteur en bronze ; à 16, ouvrier; à 19, maître d'études de troisième ; à 22, sous-officier , puis ouvrer plombier, employé, entrepreneur de travaux publics, rentier et publiciste.

Si j'énonce ici les étapes de ma vie ce n'est pas pour en tirer vanité, mais pour témoigner que c'est après avoir beaucoup vu, étudié, observé, réfléchi, que je suis partisan résolu de la transformation radicale de notre anarchie de concurrences et de haines où je suis un des privilégiés, en une organisation harmonique, dans laquelle nous serons tous des coopérateurs et des associés.

Pour payer autant qu'il m'est possible ma dette sociale à la Solidarité, dont je suis et veux rester un des serviteurs les plus inconnus, j'édite des petites brochures comme celle-ci, au fur et à mesure que mes moyens pécuniaires me le permettent, je ne les signe que pour en prendre la responsabilité.

J'affirme à tous que je ne me fais aucune réclame, que je n'ai accepté dans le passé, et que je n'accepterai dans l'avenir aucun mandat avantageux.　　　　Ed. B.

Sous le titre de : Développement, j'avais écrit une quatrième étude explicative et complémentaire des trois qui forment le présent ouvrage ; mais comme elle avait plus d'étendue et m'eût coûté d'avantage à éditer que les trois autres, j'ai dû en extraire les idées principales, les condenser et les intercaler dans cette onzième édition, qui, ainsi, est plus complete que les précédentes.　　　　Ed. B.

PREMIÈRE ÉTUDE

Dans cette étude — à laquelle je donne une forme qui me permet d'être en même temps le plus bref et le plus explicite qu'il m'est possible — je cherche la base de la plus logique et meilleure société humaine dans la connaissance des lois naturelles.

J'ai la conviction absolue : Que la connaissance de ces lois —quelles qu'elles soient— donnera à tous les moyens les plus pratiques, les plus rapides, les plus efficaces de conquérir cette société et de la rendre inébranlable ; que cette connaissance ne peut s'acquérir seulement par l'observation — forcément superficielle et inefficace — de quelques phénomènes naturels, mais par l'étude réfléchie, comparative et coordonnée de l'ensemble de tous ceux qui sont à la portée des investigations humaines.

Aussi, dans cette étude, mon but est surtout d'attirer l'attention et la discussion de tous les penseurs qui, scientifiquement, cherchent la vérité et la morale ou règle de conduite qu'elle indique ; et comme, par dessus tout, je reconnais, avec tous les socialistes sincères et sérieux, qu'il est indispensable que chaque homme puisse, lui-même, poursuivre, trouver, servir la vérité — pour en tirer au mieux la véritable satisfaction de ses intérêts, et n'être plus la

1.

dupe d'affirmations mensongères — j'étudierai dans les parties suivantes de ce travail comment, le plus sûrement, il peut obtenir ces résultats.

Par suite, j'engage ceux de mes lecteurs qui ne seraient point familiarisés avec les questions scientifiques, mais qui se préoccupent surtout du but social à atteindre, de commencer la lecture de ce travail par la dernière étude et à la terminer par la première ; enfin, je les avertis tous que les idées que j'exprime dans les renvois de ces études, sont celles sur lesquelles j'appelle spécialement leur attention.

DERNIÈRES EXPLICATIONS A CEUX QUI VONT LIRE LES ÉTUDES SUIVANTES

Il est indéniable que, jusqu'à présent, les masses ont été induites en erreur et exploitées, dans tous les temps et dans tous les pays, parce qu'on les a toujours courbées sous des organisations sociales reflets d'hypothèses empiriques, mystiques et dogmatiques, alors prédominantes et données comme vérités, ou scientifiques, ou révélées.

De plus, ces hypothèses — qui n'ont cessé d'être basées sur un dualisme antagoniste : Esprit et Matière Bien et Mal, Force et Matière, etc., etc., — sont sources de luttes et d'égoïsme, et ne sont pas explicables logiquement.

Les doctrines spiritualistes et celles matérialistes ont donné naissance à toutes les croyances et exploitations religieuses, ainsi qu'à celles prétendues scientifiques et à toutes nos institutions sociales indi-

vidualistes, quelque apparences qu'elles aient re-
vêtues, quelque noms qu'elles aient pris ; ces doctrines sont très dissemblables dans la forme et dans
les nuances,mais elles sont pareilles au fond et pour
les résultats : Il est certains que si les conditions de
notre existence dépendaient d'une puissance anthro-
pomorphisme quelconque ou de forces brutales, nous
n'aurions qu'une liberté négative, notre milieu social serait indépendant de nos efforts, toutes les
exploitations humaines et tous les sacerdoces seraient
justifiés. C'est bien ce que savent les hommes qui
affirment que nos investigations doivent être bornées
à ce que nos sens peuvent apprécier, et ceux qui
proclament qu'il y a des mystères devant lesquels
notre raison doit se courber.

Comme les masses ont toujours été et sont encore
spoliées au nom d'une prétendue science que le milieu sociologique où elles vivent ne leur permet pas
de contrôler, je les engage à ne se préoccuper que
des moyens de conquérir l'état social où leurs aptitudes intellectuelles seront développées intégralement et
où elles pourront, alors,avoir les possibilités de juger
les hypothèses affirmées comme scientifiques.

C'est donc particulièrement aux personnes qui
s'occupent sincèrement des questions scientifiques,
que je présente les affirmations de ma première
étude comme les principaux détails d'une hypothèse
à vérifier, en recherchant, continuellement, si elle a,
pour elle, toutes les probabilités sérieuses que présente l'ensemble des faits dans le Temps et l'Espace:
Une hypothèse ne peut être rigoureusement exacte,
si elle est en contradiction avec un seul des faits

dont elle s'occupe ; car toute hypothèse doit être formulée pour expliquer des faits et aucun ne peut être exception à sa loi, parce que celle-ci est une règle immuable pour toutes les causes de même nature.

Ed. B.

SYNTHÈSE COSMOLOGIQUE

sous forme de testament philosophique et social

——————— ——

Ceci, que je détruirais immédiatement si mon jugement se modifiait, est mon testament philosophique et social ; ma ferme volonté est d'y affirmer les résultats des incessantes, méthodiques et sincères recherches de toute mon existence actuelle (1).

Ces résultats me donnent de plus en plus la conviction que, **dans les faits et le savoir réel acquis par l'humanité,** aucune probabilité n'infirme et toutes autorisent les propositions suivantes :

1º C'est seulement dans l'étude réfléchie et comparative de tout ce qui existe dans le Temps et l'Espace, — et dont l'expression « La Nature » n'est pas

——— ———

(1) Pour chacun de vous, lecteurs, j'espère que les propositions et les explications de ce testament s'éclairciront et se compléteront les unes par les autres, ainsi que par la critique rigoureuse que vous ferez de chacune d'elles et de tout leur ensemble.

Pour les concevoir, j'ai beaucoup, beaucoup lu et plus encore observé et réfléchi. Je les ai combinées et conclues, par analogies, inductions et déductions, analyses et synthèses alternatives, du peu de savoir que j'ai pu acquérir sur l'ensemble

la personnification, mais seulement la désignation générale — que peut éxister pour chaque individu la révélation permanente, universelle, nécessaire de sa règle immuable de conduite.

Il y apprend par les travaux de tous : Qu'aucun de ses actes n'est indifférent ; que tous sont des causes dont il subira inéluctablement les effets. Qu'il ne doit jamais sacrifier les intérêts de son lendemain aux séductions du moment actuel.

Qu'il lui est utile de connaître, le plus exactement possible, les phénomènes de ses milieux ambiants, pour modifier, s'ils sont modifiables, ceux qui lui sont nuisibles par leurs effets ; et qu'il n'en peut modifier un seul, s'il n'en connait la, ou les causes.

Que pour modifier avec avantages certains une cause quelconque, il faut qu'il la connaisse aussi complètement que possible dans son principe, c'est-à-dire dans sa cause initiale ; qu'ainsi, son intérêt principal et permanent est de chercher à connaître cette cause par ses effets, au moins dans ce qu'il peut en percevoir.

Que pour ce but, ses recherches et ses efforts isolés restent insuffisants ; mais que la résultante de ceux de tous affirme **clairement** tout ce qui suit :

---

des connaissances humaines ; je les ai vérifiées par l'application, à chacune d'elles, du raisonnement par l'absurde et en cherchant, sans le trouver, un seul fait, bien observé, qui soit la négation de sa probabilité.

Je désire qu'elles affirment clairement que les mots : Esprit et Matière, Substances et Corps, Organiques et Inorganiques etc. etc., ne sont que des expressions générales représentant, confusément, des situations différentes du développement des Êtres.

2° Aucune réalité ne peut exister par elle-même — être sa cause — si elle n'est absolument indépendante.

Dans le Temps et l'Espace : Rien n'est indépendant. — Tout est coordonné et solidaire. — Il n'y a pas d'effet ou de phénomène sans cause ; de cause comportant son contraire; d'effet manifestant ce que sa cause ne possède pas, au moins en puissance ; de cause produisant, dans ses effets même les plus éloignés, ce qu'elle n'a pas elle-même.

Tout ce qui actuellement existe n'a pu être, originellement, qu'un ensemble en état d'extrême diffusion et partout identique ; c'est de cet ensemble que résulte tout ce qui s'est manifesté, se manifeste et se manifestera.

De tout ce qui a été, qui est, qui sera indéfiniment les manifestations innombrables, incessantes et variées sont formées des mêmes éléments éternels diversement groupés, différant par leurs qualités acquises, mais pareilles par leur essence, et leur volume (l'infiniment petit).

Toutes les agglomérations dites inorganiques sont composées de molécules toujours en mouvement et séparées plus ou moins entre elles ; chacune de ces molécules est elle-même un composé et n'est pas identique à ses voisines par ses qualités et son volume (Etendue, pesanteur, forme).

Tout vit comme Êtres distincts et immortels, se manifestant et se perfectionnant indéfiniment en des vies diverses, successives, de plus en plus développées, radieuses, vivifiantes ; leur seule cause finale est la perfectibilité éternelle.

Ces Êtres et les lois de possibilités de leurs manifestations procèdent, **nécessairement**, d'une réalité qui est elle-même sa cause.

Nécessairement, cette **Cause-Première** seule possible — indispensable et suffisante, — est permanente, immuable, éternelle, toute d'essence et d'attributs actifs, parfaits, infinis, absolus, inséparables ; et les Êtres émanent d'un de ces attributs: **Le Pouvoir-Souverain**, se développeat dans un autre : **Le Présent-Infini**, sont essence et attributs perfectibles éternellement (1).

3° Ces Êtres étaient originellement identiques les uns aux autres, mais dès lors ils se sont différenciés, car chacun d'eux, dans les limites de son vouloir, se servant différemment de ses attributs — pour unir ou opposer son moi à celui des autres et choisir entre ses premières possibilités vitales — leur a fait des acquisitions particulières et s'est créé son premier organisme ou par de la solidarité, ou par des appétits, des luttes et des résistances égoïstes:

Dans le premier cas, en s'unissant librement pour chercher le bien général ; dans le second, en se joignant nécessairement avec d'autres êtres rendus comme lui — par leur amour d'eux-mêmes — jaloux, hypocrites, violents, dominateurs.

Tout organisme est ou une agglomération, ou une colonie, ou une réunion, ou une association d'Êtres.

Tous les organismes, quel qu'ils soient, sont en continuelles modifications et sans cesse sujets à destruction ; sans que les Êtres, qui sont le lien des individualités qui les composent aient à souffrir de

---

(1) Si ce paragraphe n'est pas absolument exact, rien de ce qui est écrit dans le présent ouvrage ne peut être exact.

ces modifications et de cette destruction : Au contraire, ils y trouvent des facilités pour se modifier avantageusement et progressivement.

Plus un Être est développé par la Solidarité : Mieux l'activité de son essence et de ses attributs se manifeste par des effets nombreux, puissants, utiles, continuels ; plus les organismes qu'il choisit et ceux qu'il crée sont composés d'Êtres de divers développements.

C'est l'usage qu'un Être, avec ou sans organisme, fait de son vouloir qui mesure toute sa responsabilité.

Ce vouloir qui consiste pour chaque Être en sa puissance à choisir entre les différents mobiles que lui fournit son état actuel, est sollicité par les aspirations présentes de cet être qui sont sources de tous ses mobiles actuels.

Toutes les aspirations des Êtres n'ont qu'un foyer : L'amour à l'une de ses innombrables nuances ; depuis celle infiniment bornée et négative de l'égoïsme, jusqu'à celle infiniment parfaite et puissante de l'amour universel.

Moins est développée une vie d'un Être, moins son vouloir y a de mobiles ; plus elle est développée, plus nombreux sont ceux qui l'y sollicitent ; plus il est supérieur dans un de ses développements vitaux, plus il y est raisonné et stable dans son vouloir et dans ses actes.

Jamais les actes d'un Être ne sont contraires à son vouloir et son vouloir n'est jamais annihilé.

Un Être a sa liberté moindre que son vouloir de toutes les impossibilités qu'il éprouve à manifester les actes de celui-ci ; plus il mésuse d'un de ses organismes, plus il y a sa liberté restreinte.

4° Dans la nature et sous la rigidité de ses lois, les acquisitions d'un Être ne dépendent que de lui :

Les unes, utiles à tous, sont intimes, profondes, réelles, essentielles à son perfectionnement, elles améliorent son essence et ses attributs, leurs rayonnements sont psychiques, forces et causes naturelles indestructibles ; les autres, ne sont qu'extérieures, superficielles, provisoires, relatives au fonctionnement de ses organismes successifs, leurs manifestations sont physico-chimiques et produisent les forces et causes artificielles et momentanées.

Tout rayonnement et toute manifestation d'un Être sont une cause ou une réunion de causes produisant des effets organisateurs ou perturbateurs, plus ou moins puissamment ressentis par d'autres Êtres dans un de leur organisme.

Les organismes sont pour l'Être les instruments de ses manifestations et de ses acquisitions ; il en est le lien et le promoteur ; il les cherche et les perfectionne indéfiniment dans les limites de lois immuables ; et leurs imperfections de toutes sortes viennent, par ces lois, de l'usage égoïste qu'il a fait de son vouloir.

5° Plus les Êtres s'associent entre eux de façon fraternelle, intime et prolongée, plus leurs acquisitions leur sont faciles et avantageuses ; plus ils s'isolent, plus ils restent arriérés.

La lutte entrave leur développement : Elle a pris naissance et se continue par l'usage orgueilleux, jaloux, égoïste, qu'ils font de leur vouloir ; elle les punit en leur créant, dans leurs organismes, de factices et passagers besoins ; lesquels se satisfont, en grande partie, sur et par d'autres organismes.

Les formes ou individualités organiques sur les-quelles la lutte est habituelle sont les plus inférieures; les organismes qui les composent et s'y meuvent vivent les uns des autres : Les plus développés peuvent façonner et organiser les plus arriérés pour se les adjoindre comme outillage d'utilités plus ou moins automatiques à résultats restreint-, spéciaux, artificiels, transitoires ; et créer ainsi, inconsciemment, à des Êtres, qui leur sont très inférieurs de développement, des possibilités futures de choix.

Il y a de nombreux Êtres qui, par le bon usage constant de leur volonté, n'ont jamais eu à lutter contre ces besoins; d'autres, au contraire, par le mauvais emploi antérieur de la leur et la responsabilité réparatrice qui leur en incombe, passent des périodes de leur développement avec et sur des organismes où la lutte est habituelle et générale. Ils doivent, de plus en plus, combattre cette lutte et la transformer en amour et Solidarité ; car plus un Être se développe : Plus il se débarrasse de ses responsabilités antérieures, plus il domine et moins il subit — comme individu — la diversité et la puissance des influences organiques des autres Êtres.

6° La liberté et les acquisitions inégales et diffé-rentes des Êtres sont les causes de la dissemblance, de plus en plus sensible, de leurs manières d'évoluer dans l'infinité de l'Espace et du Temps.

Dans l'infinité de l'Espace et du Temps, le nombre indéfini des Êtres et leur volume (étendue, pesanteur, forme) qui est l'infiniment petit, l'indivisible, l'élémentaire ne varient pas, mais leurs organismes, leurs manifestations, leurs mobiles, leurs locomotions et leurs aspects y sont variables.

7° Par leurs efforts à se perfectionner, tous coopèrent au progrès indéfini.

Dans ce progrès, ils élargissent de plus en plus les limites de toutes leurs possibilités ; ils apprennent à connaître et à servir les lois dans lesquelles ils évoluent.

Ces lois ne sont que des faces et des degrés d'une obligation unique qui lie tous les Êtres les uns aux autres pour leur perfectionnement ; elles sont les rapports éternels et immuables qui régissent toutes leurs possibilités et amènent, inéluctablement, les conséquences logiques de chacun de leurs actes.

8° Par chacune de leurs acquisitions intimes, ils ajoutent à la somme de leur liberté, à la puissance de leur action : A leur **développement** en rapprochant et pénétrant leur essence de celle de leur **Principe-But**, sans jamais l'atteindre, ni devenir inégaux et hiérarchiques devant **Lui**.

Chacun d'eux a tendance et avantage à s'unir, comme promoteur, à un organisme formé d'autres organismes que meuvent des Êtres plus arriérés que lui, et à se joindre à celui mû par un Être d'un développement vital supérieur au sien, sur lequel momentanément il se mouvra et sera incité à chercher et à prendre du perfectionnement.

Quel que soit son état psycho-physiologique quand il quitte un de ses organismes, il n'est pas débarrassé des influences de cet état ; il reste : Avec une tendance à les faire agir, plus de liberté psychique pour son vouloir, moins de possibilités physiques dans ses manifestations.

Il peut, alors, volontairement, rester sans s'allier à un autre organisme pendant des périodes plus ou moins prolongées ; cherchant, observant, prenant des résolutions, mais sans pouvoir faire aucune acquisition ; gardant, forcément, la même individualité qu'il avait dans sa dernière vie organique.

En s'unissant à un autre organisme, il restera le même Être, mais il deviendra un nouvel individu qui, tout en profitant de chacune des acquisitions intimes de ses individualités passées, n'aura plus le souvenir de celle-ci ou n'en aura conscience, moins ou plus, qu'en raison de son état psychique relativement bien équilibré et déjà supérieur.

9° Chaque Être a, toujours, une atmosphère ou influence extérieure sensible et rayonnante en rapport avec son état psychique ; plus il est développé, plus il rayonne, par son atmosphère, en influences vivifiantes diverses, pénétrantes et universelles.

L'atmosphère d'un Être, sans organisme, est formée par le rayonnement de ses possibilités psychiques.

Celle d'un organisme est formée de ses influences et propriétés physico-chimiques, composées de celles des organismes qui vivent de lui et des rayonnements psychiques des Êtres qui s'y meuvent et doivent, organiquement, vivre et revivre de la vitalité de cet organisme : Ainsi la planète Terre, sur laquelle nous nous mouvons, et dont nous sommes comme les cellules cérébrales, a dans son atmosphère des myriades d'Êtres divers, depuis ceux qui entreront, organiquement, dans des compositions que la connaissance humaine ne sait pas encore décomposer, jusqu'à ceux qui, ayant eu un certain nombre d'organismes humains, n'ont pas fait toutes les acquisitions réelles que cet organisme comporte ou n'ont pas réparé leurs non-bien antérieurs.

C'est avec les atmosphères des Êtres, avec celles de leurs organismes, et par ces organismes que s'opèrent et se manifestent tous les effets : Organisateurs ou désorganisateurs, lumineux ou obscurs, attractifs ou répulsifs, réels ou apparents, durables ou momentanés, etc., etc.

Aucun effet n'est le contraire absolu d'un autre : Il n'en est qu'une nuance en plus ou en moins. Tous les effets — autres que les Êtres et les lois qui réagissent leurs possibilités — sont des résultats secondaires d'influences collectives plus ou moins conscientes.

10° L'Être ne s'unit définitivement, comme promoteur, à un organisme que quand celui-ci a acquis ses caractères d'individualité.

Avant, il exerce son influence psychique sur la réunion, le concours plus ou moins inconscient, les actes organiques moins ou plus éclairés des Êtres de divers développements à qui cet organisme embryonnaire doit son origine, ses manifestations évolutives et sa vitalité de cohésion, comme est celle de toutes les agglomérations, colonies ou réunions d'Êtres organisés qui n'ont pas de promoteur définitif ou en sont séparées momentanément.

Plus l'Être promoteur d'un organisme inférieur y a son état psychique supérieur et bien équilibré, plus il a pouvoir de s'en isoler, momentanément, sans le quitter définitivement : Cet organisme conserve alors une vitalité latente, entretenue par les influences ambiantes, et ses fonctions sont suspendues plus ou moins.

Quand elle a un promoteur, une réunion d'Êtres a ses évolutions plus soustraites aux influences extérieures.

Chaque Être, en se modifiant, modifie les mobiles

artificiels de ses actes; il évolue : En cherchant, en imitant et en se recommençant comme individu; en repassant par de ses formes organiques antérieures, lesquelles se réalisent en évoluant par des caractères de leurs types ancestraux; en profitant des acquisitions de ses vies antérieures : De toutes celles intimes et seulement de celles organiques par lui acceptées ou voulues.

Par les lois de la Nature tous les Êtres profitent, en modèles et influences bienfaisantes, des acquisitions des uns et des autres; mais, chacun d'eux n'hérite — comme Être et comme individu — que de ce qu'il a acquis personnellement dans ses vies anterieures.

11° Dans la liberté de leur marche progressive, tous les Êtres ne passent point par les mêmes systèmes et le même nombre d'organismes; ils peuvent évoluer, chacune de leurs acquisitions essentielles, dans des milieux **avec** et **sur** des formes organiques semblables ou dissemblables de même valeur.

Il n'est pour les Êtres aucune forme organique par laquelle ils doivent passer, inévitablement, pour leur développement.

Dans ces formes, toutes créées par les Êtres, pas une n'est identique à une autre parce qu'elles dépendent d'acquisitions individuelles; mais toutes sont unies par une commune essence, rapprochées et mélangées par d'infiniment petites différences de variétés et de diversités dans leurs détails.

Plus est développée une forme organique dans laquelle les Êtres qui la dirigent n'arrivent point à évoluer la phase nécessaire de développement qui leur est actuellement possible, moins elle a de persistance dans le Temps et l'Espace.

Moins est développé l'organisme d'un Être, moins celui-ci, comme individu, est lié organiquement aux organismes des Êtres avec lesquels il s'est réuni dans une agglomération ou une colonie ; plus son organisme est développé, plus, comme individu, il est organiquement en alliance intime, complète et nécessaire avec les organismes des Êtres auxquels il est lié et qui forment ses organites, ses organes, son organisme.

Plus une forme organique est développée, plus elle contient de variétés, de nuances et de spécialisations dans les acquisitions des individus qui la revêtent.

Plus elle est supérieure : Plus est puissant son pro moteur ; plus sont compliquées son organisation et sa désorganisation ; plus sont diversement développés les organismes des Êtres dont il est le microcosme ; plus est liée sa vie à la leur et à celle des individus qui concourent è sa vitalité et à ses acquisitions ; plus est complexe sa division du travail ; plus sont multiples et diverses ses manifestations et influences : Du reste, tous les organismes sont de même essence et ne diffèrent les uns des autres que de nuances et de degrés dans leurs possibilités de manifestations et d'influences.

Unis solidairement, dans une agglomération, une colonie, une collectivité intégrale, des individus de même espèce sont toujours occasions à naissances d'autres individus qui leur sont supérieurs d'espèce et de développements.

12° Les Êtres ont tendance à imiter.

Cette tendance, moins consciente et plus visible dans les organismes déséquilibrés et ceux des Êtres peu avancés, se manifeste surtout dans des apparences et mouvements désordonnés, extérieurs, illusoires et momentanés.

13° L'Être est simple et indestructible, action et principe de forces, réfractaire, s'il le veut, à toute influence autre que celle de la Solidarité, il ne rétrograde jamais et ne peut être imité artificiellement. Seul, dans la nature, il a l'incompressibilité et l'impénétrabilité matériellement absolues.

Ses organismes sont composés, en continuelles modifications, sensibles à toutes les influences, ils se désorganisent et peuvent être reproduits artificiellement de façon illusoire et momentanée.

14· L'organisme, les besoins, l'intelligence, la sensibilité, la licence, la liberté, **L'état psycho-physiologique** d'un Etre sont toujours en rapport d'équivalences et entre eux ; et avec son degré de perfectionnement, la possibilité et l'intensité de ses plaisirs et de ses peines, le bien et le non-bien qu'il peut accomplir.

Le bien est tout acte de Solidarité; il a pour but le développement vital et le perfectionnement incessants de l'Être par la satisfaction de ses besoins **réels ;** ses effets sont avantageux et illimités.

Tous les non-bien viennent de l'individualisme ou amour de soi ; ils ont leur origine dans le vouloir momentané d'Êtres se formant des mobiles illusoires ; leurs conséquences sont fâcheuses, mais restreintes.

La Solidarité associe les Êtres dans le progrès, elle est harmonique; l'individualisme isole l'individu dans l'anarchie, il est perturbateur.

Les affirmations et les négations intolérantes sont **au moins** erreurs d'individus superficiels qui donnent un arrêt de développement à un de leurs attributs intimes d'Êtres : La **Généralisation.**

Tout acte ou même tout propos égoïste contre la Solidarité est une faute sérieuse.

15° Les aspirations et les besoins **réels** d'un Être lui sont lois incitatrices à conquérir tous les avantages **vrais** dans et sur les milieux où il se meut.

16° Un des biens qu'un Être peut accomplir de plus en plus est d'employer énergiquement sa volonté à soulager ses semblables dans leur organisme ; s'il prend dans le sien une partie des maux dont il veut les débarrasser, c'est qu'il s'acquitte envers eux de non-bien antérieurs ; ce qu'il peut faire de plus utile et de plus méritant, après avoir acquis la bonté nécessaire, est de se consacrer au plus grand bien de tous et de chacun.

17° La bonté est nécessaire au plus grand bien de tous les Êtres ; toute évolution de l'un d'eux en nécessite à son sommet une quantité qui est la résultante de toutes les qualités qu'il a acquises.

La bonté est indulgente et ferme, sans faiblessse ni exagération ; Elle est Amour, Justice et Solidarité.

Cette bonté est le levier le plus puissamment efficace du vouloir ; et le vouloir — appuyé sur elle — est le moyen et la cause : De tout ce qui indestructible dans la nature ; des plus puissantes actions évolutives de chaque individu ; de sa possibilité de conquérir la connaissance de la vérité qui lui est actuellement accessible.

Connaissance de la vérité et science réelle sont synonymes.

· 18° Les efforts d'un Être pour devenir bon lui servent efficacement à acquérir les qualités qui lui sont utiles pour s'élever dans son existence ascensionnelle.

—

19' Tout le bien qu'accomplit un Être lui donne un profit égal ; les non-bien qu'il fait, et ceux qu'il tolère sans s'y opposer de toutes ses forces, lui amènent une responsabilité inéluctable.

20 Le profit d'un Être consiste dans ses acquisitions ; sa responsabilité, dans la réparation imprescriptible vis-à-vis des autres des torts qu'il leur a occasionnés, même par indifférence.

21° Il ne peut acquérir des formes organiques plus élevées que celles qu'actuellement il meut, s'il n'a fait toutes les acquisitions que celles-là exigent et réparé les non-bien commis dans celles-ci.

Dans le Temps et l'Espace, aucune de ces formes n'est circonscrite, toutes tiennent les unes aux autres et se transforment par une infinité de possibilités.

22° Autant qu'il mésuse d'un de ses organismes, il est astreint à en prendre d'équivalents.

N'ayant point d'incitation naturelle à en chercher de plus élevés, s'il choisit, par orgueil, un organisme pour la conduite des évolutions duquel sa situation est insuffisante, il en supporte une pénible responsabilité.

Celte responsabilité se traduit, au moins pour lui. par un état psycho-physiologique déséquilibré, luttant entre les tendances opposées de sa vie organique actuelle et celles des influences psychiques inférieures dont il ne s'est pas débarrassé ; d'où, souvent, ses manifestations maladives d'actes régressifs tout opposés à sa manière d'agir habituelle.

23° Les organismes que peut prendre un Etre sont à l'infini dans leur nombre et leurs variétés.

24° L'Être choisit l'organisme, instrument des

manifestations et des acquisitions qui lui sont actuellement possibles.

S'il se guide par le désir de réparer ses torts antérieurs, par le souvenir de ses affections ou de ses inimitiés anciennes, il choisit le milieu le plus rapproché et l'organisme le plus pareil au milieu et à l'organisme où il avait contracté ces torts, ces affections, ces inimitiés : Son organisation et ses manifestations extérieures sont, alors, caractérisées par toutes sortes d'apparences d'hérédités pathologiques et regressives.

25° Les attributs ou rayonnements de la **Cause-Première** sont le principe des lois naturelles.

Dans leur **immutabilité** et l'infini de leur puissance, de leur sagesse, de leur justice, de leur **bonté** ils rendent tous les Êtres solidaires les uns des autres ; ils permettent à chacun d'eux d'obtenir dans ses recherches, alors qu'elles sont sincères, non de la certitude, mais des lumières efficaces venues d'Êtres plus avancés que lui ; ils donnent une sanction inéluctable à chacun des actes de son vouloir ; ils amènent la désagrégation de tout organisme qui ne peut plus être utile au perfectionnement de l'Être qui s'y est uni : Parce qu'il en a tiré tout le parti possible, où qu'il l'a rendu impuissant à lui servir pour réparer ses torts antérieurs et faire les acquisitions qui lui sont nécessaires ; enfin ils excluent la possibilité de tout ce qui leur est contraire.

26° Les expressions ci-dessous devraient donc exclusivement représenter pour l'homme (1) :

---

(1) De ces expressions toutes les définitions et explications données dans cette 26me proposition s'accordent aussi bien

Création. — 1º De la **Cause-Première**, un acte de vouloir permanent et immuable : Ce qui est éternel dans la Nature.

2º Par les Êtres, toute transformation vivifiante des milieux où et par lesquels ils se meuvent, toute organisation d'individualité dont l'état évolutif est plus élevé que tous ceux qui y concourent et en profitent de façon plus ou moins consciente et volontaire : Une mollécule de gaz, d'air, de fumée; une goutte d'eau, d'huile, de sang; un sel; un cheveu; une cellule infiniment petite, un soleil infiniment grand etc.. etc.; sont des individualités. Un embryon qui n'a pas.encore, un organisme qui n'a plus de moteur; une chevelure; un amas quelconque solide, liquide, gazeux; etc., etc.; ne sont que des agglomérations d'individus.

Les formes organiques extrêmes que peut connaître l'Être humain, arrivé à la phase de son plus parfait développement, sont : Celles, embryonnaires ou en organisation, qui n'ont pas encore de moteur, les proto-plasmas et les comètes; celles qui n'ont plus de moteur, les cellules et les soleils en état de désorganisation.

Toute individualité est le lien, la force, le moteur, le microcosme d'une multiplicité d'individus; tou-

---

avec chacun des faits et leur ensemble, qu'avec l'hypothèse dont les grandes lignes sont esquissées dans cette présente étude; tandis que chacune d'elles, par la quantité et la diversité des phénomènes qu'elle indique, est une question sérieuse pour l'humanité qui ne peut y répondre **logiquement**, au moyen d'aucun des systèmes ʃqu'elle a adoptés jusqu'à c, jour.

2.

jours elle a — du moins au plus — une connaissance ou conscience de son existence personnelle, ainsi que de posséder une certaine somme de liberté.

Une matière, ou agglomération d'individus, n'est qu'un entassement d'individualités diverses. Elle n'a aucune conscience, aucune liberté, bien qu'elle soit composée de consciences libres et autonomes ; elle n'est génératrice d'aucune force, bien qu'elle soit un amas de principes de forces.

Toutes les créations organiques sont du domaine des Êtres ; aucune n'est imposée à leur vouloir.

Les possibités des Êtres n'ont de limite que celles tracées par la bonté infinie de la **Cause-Première** (1) :

Ces limites ne permettent point à un Être d'accomplir un non-bien dont un autre serait victime ne l'ayant en rien encouru.

Plus un Être est parfait : Plus ses influences s'étendent et agissent au loin, pénètrent et vivifient profondément les autres Êtres ; plus il a pouvoir et devoir de réagir contre toute action perturbatrice, d'aider, d'éclairer, de protéger, de créer, de concevoir et de faire concevoir la **Cause-Première**.

Chaque Être doit apprendre et comprendre du cognicible de la **Cause-Première** ce qui est relatif à son présent développement et nécessaire pour en conquérir un supérieur ; car il ne peut connaître la Nature, se connaître lui-même et vraiment se déve-

---

(1) Les possibilités des êtres sont inépuisables ; chacun d'eux doit s'en créer de plus en plus parfaites par son vouloir et ses actes, et il ne peut en choisir aucune dans et par laquelle il puisse rétrograder.

lopper qu'en raison de ce qu'il sait de la cause dont tout résulte.

Essence. — L'élément de toute existence et l'excitant de son vouloir.

Attributs. — Manifestations, rayonnements et influences propres à chaque Être, qui lui donnent ses propriétés et ses possibilités, lui permettent de se connaître, de se manifester aux autres et de s'en faire connaître.

Essence et attributs sont de même principe essentiel dans la **Cause-Première** et chez tous les Êtres : mais unité immuablement parfaite et infinie dans l'Une, multiplicité de moins en moins imparfaite et bornée chez chacun des autres.

Nature. — Expression qui désigne : 1° Hors la **Cause-Première**, tout ce qui est éternel, c'est-à-dire les Êtres et les lois qui régissent toutes leurs possibilités : Ces lois rendent causes et influences naturelles les acquisitions réelles des Êtres ; 2° l'ensemble des phénomènes de la vie qui s'affirme, successivement, par les organismes et leurs manifestations qui sont des influences et des causes artificielles se modifiant, se développant et se détruisant sans cesse par transformations.

Les Êtres ne manifestent pas tous la vie sous les mêmes aspects.

Pour chacun d'eux une de ses vies et les nécessités organiques qu'elle comporte ne sont que de ses possibilités vitales et momentanées, résultat passager de ses choix antérieurs et de ses responsabilités actuelles.

Cet Être est resté à se mouvoir dans un agglomérat minéral, il avait et conserve la possibilité d'être le promoteur d'un macrocosme radieux et vivifiant.

Ces deux situations ne sont pas les extrêmes de ce qu'il peut être resté et de ce qu'il pourrait être devenu, momentanément, dans l'infinité de l'Espace et du Temps.

Force. — Résultante actuelle des influences organiques, des manifestations extérieures, des efforts, des résistances d'un être ou d'une réunion d'êtres.

Les effets fâcheux d'une force quelconquene sont ressentis par un être qu'au moyen de son organisme et en raison de ses actes antérieurs : Son devoir, son avantage est de chercher à les modifier pour les faire servir à la Solidarité.

Aucune force n'est un droit : Aucune r'est stable, inéluctable, absolue.

Substance ou Matière. — Agglomérations plus ou moins étendues d'infinités d'individus, à organisations encore très rudimentaires, dont il ne voit pas la vie, ou ne l'entrevoit que confusément.

Inertie. — Inactivité relative de ces mêmes individus dont l'action lui échappe plus ou moins.

Vide et Néant. — Etendues immenses dans lesquelles se meuvent des Êtres, momentanément sans organisme, dont l'existence lui est invisible.

Inorganique et Organique. — Deux des apparences générales des possibilités de vivre pour les Êtres:

Elles se caractérisent par la différence d'activité des vies qui s'y meuvent; celle-ci n'est qu'une des continuations possibles de celle-là.

Cataclysme, Fléau, Perturbation. — Résultats d'actions faites par un ou des Êtres et les troubles que d'autres en ressentent dans l'évolution d'un de leurs organismes ; tous les effets produits par les actions des uns et ressentis par les autres résultent de lois immuables et sont circonscrits par elles.

Ces effets révolutionnaires sont utiles aux uns et aux autres : Ils leur sont des avertissements ; ils les protègent contre l'excès de leurs non-bien ; ils les atteignent et leur sont profitables ou pénibles suivant leurs actes antérieurs.

Évolution, Révolution. — Moyens de modifications organiques de formes individuelles et de leurs différents milieux.

Faites évolutivement, ces modifications sont progressives et efficaces pour tous : Elles s'opèrent par de l'accord et de la Solidarité.

Obtenues sans transition et par actes de violence sociale, elles sont, le plus souvent, inutiles et superficielles pour le plus grand nombre, désastreuses pour les égoïstes, avantageuses seulement aux altruistes.

Hasard, Fatalité, Miracle. — Faits dont il ignore encore les lois et les causes.

Instinct et **Intelligence.** — Un même attribut moins ou plus développé ; plus ses limites s'élargissent, plus il acquiert de souvenir du passé, de prévision de l'avenir, de puissance génératrice et généralisatrice, d'énergique Solidarité.

Sensation. — Toute impression reçue par les êtres au moyen de leur possibilité sensitive.

Elle leur est donnée, avec toutes sortes de modifications, par et suivant les influences ambiantes auxquelles cette possibilité est sensible.

Cette impression ne peut présenter à un Être que

des apparences plus ou moins superficielles et illusoires de formes, de propriétés et de forces.

Cet être doit toujours vérifier, rectifier et approfondir cette impression au moyen de ses acquisitions précédentes.

Existence. — Continuité éternelle et sans intermittences de tout ce qui est réellement un et indécomposable dans le Temps et l'Espace : L'Être.

Vie. — Constatation par lui d'une des manières d'exister d'un Être ou d'une réunion d'Êtres dont il perçoit quelque acte.

Manifestations organiques des divers états psychiques des Êtres.

Possibilités évolutives de manifestations et d'acquisitions transformatrices et créatrices que chaque Être se donne par son vouloir et ses actes ; ces possibilités lui doivent servir, constamment, pour conquérir sans cesse son développement et concourir à celui général ; car le développement individuel et celui universel sont éternellement en état de dépendance réciproque.

Corps ou **Organisme.**—Un ensemble composé d'Êtres et de l'atmosphère de chacun d'eux.

C'est par cet ensemble que l'Être qui en est le moteur manifeste sa vie présente ; qu'il peut s'acquitter de ses non-bien antérieurs, et acquérir ce qui lui est nécessaire pour conquérir de plus puissantes vies postérieures.

Cet ensemble est le lien et l'habitation présente d'invidualités réunies par des affinités de même et volontaire tendance antérieure, et qui n'ont de dissemblance que par la différence et la variété de leurs acquisitions dans les possibilité de cette tendance.

Chaque être, dans ses évolutions à l'infini, est toujours : Corporel, lien ou partie d'un organisme; incorporel, se mouvant dans l'atmosphère de l'organisme qui est son monde actuel.

Entre les Être et la Cause qui est leur principe, il n'y a pas de commune mesure : Elle est sans forme, parfaite, immuable, infini ; eux, dans leur développement indéfini, restent finis en se perfectionnant, perpétuellement, sur et par des organismes de moins en moins imparfaits,

Atmosphère. — Extension de l'individualité de chaque Être.

Cette extension est le lien par lequel toute individualité : 1° Rayonne ses influences et reçoit celles extérieures; 2° est mise en communication externe avec les autres individualités et ne peut se confondre avec elles.

Lutte pour la vie. — Vue superficielle de résultats circonscrits, momentanés et illusoires qui, dans le Temps et l'Espace, n'existent que pour et sur des organismes dont l'individualité et toutes celles qui vivent et revivent de sa vitalité ont préféré à l'amour général celui étroit du moi ; et se sont ainsi, alors, créé des besoins factices et momentanés.

Ces individualités peuvent toujours, et doivent continuellement, vouloir faire évoluer l'état pénible et artificiel de responsabilités qu'ils se sont donné vers celui harmonieux et naturel de l'Amour universel.

Hérédité. — Loi qui, dans chaque forme organique, donne à tous les êtres qui s'y meuvent le profit ou la responsabilité de leur vouloir et de leurs actes dans les vies qu'ils ont eues précédemment.

Par cette loi, toutes les manifestations intimes des Êtres s'affirment extérieurement : Les stationnaires ou d'égoïsme, par des vices dont la force d'habitude s'affaiblit de plus en plus chez chaque individu à mesure qu'il se développe ; les progressives ou de Solidarité, en vertus qui sont de plus en plus spontanées, puissantes, permanentes.

Adaptation. — Pour des invidus, résultats d'acquisitions organiques que, personnellement, ils ont voulues et poursuivies dans et avec leurs précédents organismes.

Ces résultats leur sont alors, sciemment et inconsciemment, souvent rendus possibles par d'autres Êtres plus développés qu'eux.

Monstruosité. — Organismes qui présentent des irrégularités au type général actuel auquel ils appartiennent.

Ces irrégularités peuvent être organiquement progressiv es ou regressives.

Si elles sont regressives, elles n'atteignent que superficiellement l'individu qui les présente, sans qu'il en soit modifié dans son présent développement d'Être : Il ne les a en partage que par sa volonté ou son acceptation antérieure.

Sélection. — Evolutions organiques que des Êtres opèrent non par de l'antagonisme, mais par des acquisitions qu'ils ont volontairement cherchées ou acceptées.

Comme toute cause ne peut être génératrice que des effets qu'elle contient, et que toute acquisition intime ou organique supérieure aux leurs est un enseignement pour les Êtres incorporels, ces Êtres sont ncités à exercer leurs influences organisatrices sur

un organisme le plus pareil possib'e à celui qu'ils
veulent ou peuvent promouvoir, à en écarter tout ce
qui n'est pas d'accord avec leur développement intime actuel et avec celui qu'ils veulent acquérir par
et dans cet organisme.

Ces Êtres conservent, à leurs risques et périls, la
liberté de se lier, ou non, à l'embryon d'organisme
au développement duquel ils coopèrent, jusqu'à l'instant où cet embryon atteint sa vitalité d'individualité
complète.

Atavisme, Altruisme. — Ensemble d'attributs qui sont : Les premiers rétrogrades et les seconds progressifs sur ceux qui composent la carac-
téristique de la majorité actuelle des individus d'une
forme organique quelconque.

Ces attributs résultent pour les individus qui possèdent : Les altruistes. de leurs acquisitions intimes
et organiques antérieures; les ataviques, de leur
choix de tel ou tel organisme par orgueil, par affinité
ou haineuse ou affectueuse, par désir de vengeance
ou de s'acquitter de responsabilités de leurs vies
précédentes.

Esprit ou **Ame.** — Être dont il voit les actes
manifestés par un de ses organismes qui est un composé d'individualités plus arriérées que lui.

Mort. — Fin d'une des vies d'un Être; état où il
vient de quitter un de ses organismes, qui alors se
désagrège, et où ses actes ne peuvent être perçus
directement par la possibilité sensitive humaine dans
l'état où elle est encore.

Cet Être, suivant la situation présente de son état
psychique, voit, moins ou plus rapidement, que son
organisme n'a plus tous les éléments qui sont indis-

pensables à sa cohérence ; alors, en raison de l'amour égoïste qu'il lui donne, il lui reste attaché un temps plus ou moins long, pendant lequel il ressent, psychiquement, tous les effets des phénomènes que subit cet organisme, auquel il se croit toujours lié.

L'Être sans organisme agit et se manifeste virtuellement par son état psychique ; celui avec organisme agit et se manifeste chimico-physiquement par sa possibilité sensitive.

Les organismes des êtres possèdent non des sens, mais une possibilité sensitive.

Possibilité sensitive. — Une des acquisitions organiques des Êtres ; elle est servie de mieux en mieux par des organites qui sont d'autant plus nombreux et perfectionnés que l'Être est plus développé psychiquement.

Ces organites facilitent, organiquement, les acquisitions, la division du travail, les communications internes et externes de chaque individu avec ce qui n'est pas son moi ; ils précisent ses sensations, ses perceptions et sa liberté actuelles.

Mal. — Tous les actes égoïstes ou de non-bien et leurs conséquences inéluctables et imprescriptibles.

Ces conséquences sont sages, justes et nécessaires : Elles ne font pas rétrograder l'Être ; elles ne le frappent que dans ses organismes ; elles limitent la possibilité de ses non-bien ; elles l'incitent à juger ses erreurs, à ne les plus commettre, à les réparer et à les combattre chez les autres.

D'un Être, chaque organisme est toujours dans ses particules en correspondance étroite et exacte avec le nombre, la division, la perfection et la spécialisation des manifestations qu'il peut produire présentement.

Si cet organisme est amoindri ou mutilé, seules, les manifestations et l intégralité d'individualité actuelle de cet Être sont amoi dries ou mutilées.

Maladie. — Dans l'organisme et l'état psycho-physiologique d'un Etre, perturbations et altérations d'équilibre, dont les causes d'aptitude proviennent de ce qu'il n'a pas réparé les non-bien par lui commis dans un de ses précédents organismes ou dans celui qui lui sert actuellement; et dont la dernière occasionnelle, déterminante résulte inévitablement des lois d'influences.

Les phénomènes des lois d'influences sont ceux qui s'imposent le plus vivement à chaque possibilité sensitive des Êtres.

Ces lois sont les premières qui sollicitent la connaissance de tous les individus, qui leur font sentir que les effets de la Solidarité universelle, ainsi que les responsabilités individuelles et collectives, sont includables pour tous.

C'est par cette connaissance, seulement, que chaque individu peut commencer à se rendre compte de tout ce qui lui est nécessaire de savoir.

Pour qu'un organisme soit bien équilibré, il faut que chacune de ses particules ait tout ce qui lui est utile, car ce que l'une a de trop l'hypertrophise et manque aux autres qui en sont anémiées.

Médicament et **Poison.** — Réunions d'individus en attraction ou en répulsion avec les organites sur lesquels ils agissent.

Ces individus en influencent, modifient ou désorganisent d'autres dans les différents proto-plasmas qui composent chacune des cellules de ces organites.

Sommeil et **Léthargie.** — Accalmie relative

de plus ou moins des parties constitutives de l'organisme d'un Être, permettant à celui-ci un état de
liberté psychique se rapprochant de celui où il se
séparera de cet organisme, et où, lui étant moins lié,
il peut davantage.

Cet état, il l'a plus dégagé dans la léthargie.

Hypnotisme ou **Magnétisme.** — Un des
effets d'une loi universelle, la Solidarité, il se réalise
par les influences de la volonté et de la sympathie.

Tous les Êtres ont une puissance magnétique en
rapport avec leur développement; mais seuls leurs
organismes, en tout ou partie, peuvent être magné-
tisés, c'est-à-dire être relativement rendus passifs et,
alors, être débarrassés plus ou moins profondément
des effets de leurs perturbations maladives.

Les états et les phénomènes magnétiques varient
chez un magnétisé et d'un magnétisé à l'autre; ils
ont pour facteurs : La situation actuelle de l'individu
magnétisé, toutes ses acquisitions essentielles et
relatives, les influences extérieures auxquelles il
s'associe.

Dans chaque cas, ces facteurs varient d'importances
relatives.

Tout magnétisé est mis, plus ou moins, dans son
état de liberté psychique possible.

Alors, il peut, psycho-physiologiquement : Se souvenir et se servir de toutes ses acquisitions, même
celles momentanées de ses vies antérieures les plus
reculées ; influencer l'hyperesthésie et l'anesthésie
de ses organites et leur faire produire des manifestations très régressives ; modifier l'état de son organisme ; en neutraliser l'influence et être insensible à
ce qui le concerne ; s'en isoler ; entrer plus intime-

ment en communication avec d'autres Êtres ; reconnaître qu'ils sont encore victimes de ses non-bien antérieurs ; en accepter ou rejeter l'ascendant ; les servir et en être servi ; et, dans cette collaboration, obtenir de plus étendues et plus puissantes manifestations subjectives et objectives.

Par des lois immuables, les Êtres incorporels, possédant les acquisitions nécessaires et un rapport suffisant d'affinités avec d'autres Êtres promoteurs d'un organisme, peuvent se rendre tangibles à ces derniers par influences psychiques : En agissant sur leur imagination et en organisant des propriétés, des forces et des formes momentanées, illusoires et inoffensives avec des Êtres inférieurs désincorporés appartenant à l'atmosphère de cet organisme et à celle où eux-mêmes se meuvent.

Des individus de même espèce (1), les uns avec, les autres sans organisme ne peuvent être tangiblement en rapport que si lés acquisitions des uns et des autres sont suffisantes ou si ceux-là se sont mis, par non-bien, promesses, engagements, sous la suggestion transitoire des influences psychiques inférieures de ceux-ci.

Quand, dans et sur un organisme ou milieu, un Être a acquis toutes les qualités vraies que lui permet de conquérir ce milieu, il en quitte l'atmosphère et va dans celui d'un autre plus élevé.

Donc, dans et sur un même milieu organique, les

---

(1) Dans la Nature tout se relie intimement : Il n'y a pas plus d'espèces que de systèmes, de nomenclatures, de divisions, de races, de types, etc., etc. Tous ces mots représentent des artifices que se créent les hommes pour se mieux comprendre et s'aider dans leurs recherches.

Êtres — les uns avec, les autres sans organismes — ne peuvent être que très rapprochés de développement; d'où l'obligation pour les corporels de, sévèrement, analyser et contrôler avec leur savoir et leur raison tout ce qui leur vient ou paraît leur venir des incorporels.

Plus les limites de développements de deux Êtres se différencient, plus celui qui se développe peut pénétrer celui qui reste en arrière, et moins ce dernier comprend les manifestations du premier.

Les manifestations d'un magnétisé révèlent son état psychique et ses tendances actuelles.

S'il est arriéré, il a celle de s'abandonner à des volontés extérieures se persuadant qu'elles lui sont irrésistibles; s'il est orgueilleux, hypocrite, égoïste, il a celle de ruser et de lutter contre elles, etc , etc

Aucune suggestion ne peut être imposée, irrésis·tiblement, à son vouloir, ou à son organisme.

Plus le magnétisé et le, ou les magnétiseurs sympathisent, plus leurs effets sont harmoniques; plus les mobiles des magnétiseurs sont élevés, plus les résultats de leurs efforts sont complets et puissants : Le magnétisme étant un effet de Solidarité se produisant sous des influences de volontés sympathiques, si des volontés égoïstes veulent le pratiquer, ce qui arrive alors n'est rien moins que magnétique et n'a que des résultats superficiels et négatifs.

Tout individu qui, momentanément, est dégagé de quelques-unes de ses influences organiques et montre des facultés qu'il n'a pas habituellement est, plus ou moins, surexcité magnétiquement par un ou des Êtres avec ou sans organisme.

Suggestion dite **Magnétique.** — Apparences

de dominations abusives et de soumissions forcées entre des individus dont les premiers influencent magnétiquement les seconds.

En réalité, les Etres dont l'organisme actuel est ainsi influencé ne lui font manifester que ce que leur vouloir a librement délibéré et consenti : Ce vouloir est, momentanément, débarrassé d'une partie de ses entraves organiques.

Hallucination et **Rêve. — Folie.** — Résultats, pour un individu, de perceptions d'images imitatives, externes et passagères faites par l'intermédiaire de ses organites surexcités, psychiquement et momentanément, par l'hyperémie de certaines de leurs cellules et l'anémie de certaines autres : D'où — acceptée ou voulue — la concentration, plus ou moins exclusive, de son attention psycho-physiologique sur certains faits relatifs à ses diverses vies; par suite affaiblissement de cette attention et son manque de coordination à l'égard de ceux de sa vie actuelle; alors à son imagination se présentent et s'amalgament, comme réalités actuelles, des faits passés et à venir, réels ou seulement possibles.

Ces images sont perçues par des individus dont l'état psycho-physiologique a des causes originelles antérieures à leur vie présente.

Ces images peuvent leur être utiles, agréables ou pénibles; elles coïncident, le plus souvent, avec les préoccupations et les actions de leurs vies dernières et présente; elles s'adressent à leur imagination et sont voulues, esquissées, formées par des invidualités sans organisme; elles sont possibles aux uns et résultent pour les autres, comme conséquence, de leurs acquisitions et de leurs responsabilités actuelles.

Chez un individu, les causes premières morbides de folie héréditaire ou de celle chronique sont toujours : 1° Un amour égoïste, immodéré, persistant du moi : 2° son choix orgueilleux d'organisme ou la destruction prématurée et volontaire qu'il a faite de celui qu'il mouvait précédemment. La folie momentanée a les mêmes causes que les autres cas pathologiques.

Imagination. — Possibilité psycho-physiologique qu'ont tous les Êtres d'être influencés dans la possibilité sensitive de chacune de leurs individualités corporelles, et de l'influencer, pour qu'il manifeste les images formant l'ensemble et le détail de leurs responsabilités encore existantes, de leurs préoccupations et de leur vouloir actuels; elle est troublée, soutenue, éclairée par les influences des individualités corporelles et incorporelles avec lesquelles elle se trouve en rapports.

Moins un individu corporel impose son vouloir à son imagination et la laisse à ses préoccupations, plus elle est déréglée et faible aux influences extérieures; plus son état psychique est équilibré et développé, mieux son imagination reste sous la dépendance de son vouloir, et plus tous deux ont de force et de rectitude constantes.

État psychique d'une individualité. — Sa situation psycho-physiologique présente. Cette situation est la résultante de ses acquisitions et de ses non-bien actuels, ainsi que la cause de toutes les conditions et possibilités de ses influences et manifestations intimes et extérieures, et de celles ambiantes qu'il doit subir.

Les influences et manifestations d'une individualité incorporelle sont psychiques et virtuelles; celles d'une individualité corporelle sont physico-chimiques et psycho-physiologiques.

Les influences et manifestations qu'ont le plus à redouter les individualités corporelles des individualités incorporelles sont celles du mensonge: Plus un incorporel est encore victime des non-bien qu'un corporel a commis dans ses vies antérieures, plus il peut contre ce dernier le non-bien d'essayer de l'influencer en le trompant.

Tout Être, avec, ou sans organisme, qui a fait des mensonges et des promesses illusoires à d'autres Êtres; qui a pris, sans les tenir, des engagements envers eux; ou a commis tout autre non-bien dont ces derniers restent directement ou indirectement victimes ; s'est mis dans la possibilité, pour une ou plusieurs de ses vies, de subir leurs influences pernicieuses.

Liberté et Licence. — Deux possibilités qui se détruisent l'une l'autre.

Pour qui que ce soit :

La liberté n'est et ne peut être que sa possibilité de chercher, de connaître, de conquérir ce qui est utile au plus rapide et parfait développement réalisable, actuellement, de son moi : Elle existe là où règne la Vérité, la Justice, la Solidarité. Logiquement, ce qui sert la Vérité, c'est l'indulgence; la Justice, c'est la bonté; la Solidarité, c'est l'amour.

La licence est sa possibilité (toute entière composée de despotisme et de servilité) de chercher à se satisfaire sans se préoccuper de ses droits et devoirs, ni de ceux des autres : Elle est toujours un résultat de l'erreur, de l'iniquité, de l'anarchie. Ce qui surtout produit l'erreur, c'est l'intolérance; l'iniquité, c'est la suspicion; l'anarchie, c'est la haine.

Vertu et **Vice.** — Pratiques d'actes utiles ou nuisibles à la Solidarité.

Suivant le cas, le même acte peut être vertueux ou vicieux; exemple : L'acte générateur opportun et fécond est nécessaire à l'individu et à la collectivité à laquelle il appartient, il satisfait à la loi de Solidarité qui lie tous les Etres : Il est vertueux; mais quand il est répété abusivement, il n'est pour l'individu que la satisfaction égoïste et décevante de mobiles personnels, il devient de plus en plus nuisible à tous : Il est vicieux.

Être. — Réalité éternellement une et indécomposable, possédant en puissance, continuellement et indéfiniment, la possibilité en conformant son vouloir à l'obligation universelle — de s'ajouter de la force, de la diversité et de l'étendue à son action sur tout ce qui est dans la nature.

Individu. — Un Être qui n'est vu que dans un de ses organismes :

L'individu a une vie éphémère; l'Être, une existence éternelle.

Aptitude et **Immunité.** — Résultats avantageux ou fâcheux pour un individu; ils lui résultent de ses acquisitions ou de ses non-bien antérieurs.

Manifestation d'un Être. — Intérieures : Ses rayonnements intimes. Ils sont produits par son état psychique et sont perçus par les autres Êtres au moyen du leur; ils peuvent n'être connus que de lui et d'autres Êtres beaucoup plus avancés.

Plus un Être a de supériorité de développements sur un autre, plus il peut influencer, atmosphériquement, celui-ci dans son organisme et le connaître, psychiquement, dans les plus fugitives manifestations de son vouloir.

Extérieures : Les rayonnements de son état psycho-physiologique, les inférieurs sont sans cesse modifiés par les influences ambiantes.

Le degré d'énergie et de rectitude extérieures de tout rayonnement depend surtout de l'état d'équilibre de l'organisme qui le manifeste ; car toute manifestation extérieure d'un Être est toujours exercée par lui au moyen d'un organisme : Le sien ou d'autres qu'il influence.

Toute manifestation d'un Être, la plus infime et la plus intime de son vouloir, agit physico-chimiquement sur toutes les individualités de son organisme, et psycho-physiquement sur toutes celles où s'étendent ses rayonnements psychiques et physiques.

Influences des Milieux. — Effets plus ou moins modifiables par des Êtres qui les ressentent dans leur organisme actuel.

Ces influences sont pour ces Êtres une résultante : 1º Des suites éternelles de tous leurs actes de bien ; 2º des suites momentanées de tous leurs non-bien qu'ils n'ont pas encore réparés ; 3º des manifestations extérieures d'individualités avec lesquelles le. lient, transitoirement, leurs responsabilités envers eux.

Il est de possibilité et de devoir pour chaque Être de poursuivre la modification de toutes les influences pernicieuses de ces milieux : Celles qu'il rayonne et celles qui l'entourent.

Temps et **Espace.—**Termes de convention, dont, pour chaque Être, la valeur intrinsèque — parce qu'elle n'offre, continuellement, à son aptitude géné ralisatrice que de la possibilité de comparaisons — varie du moins au plus en s'approchant indéfiniment d'un attribut parfait : Le **Présent-Infini.**

Pour la **Cause-Première** rien ne varie et tout est dans le **Present-Infini;** sa volonté soutient éternellement l'immuabilité des lois naturelles et n'agit en rien sur les effets que les Êtres se créent pas leur vouloir et leurs actes.

Ces effets sont circonscrits par ces lois inéluctables ; et chaque Être, en raison de son développement, en bénéficie et en fait bénéficier les autres.

Affinité, Attraction, Sympathie. — Degrés d'une même sollicitation, laquelle ne permet point aux Êtres de vivre en dehors de toute association et les attire d'autant plus les uns vers les autres que leurs acquisitions s'égalent, se complètent et s'entr'aident.

Tous les Êtres sont en relations dans la nature ; ils agissent et réagissent physiquement et psychiquement constamment les uns sur les autres.

Justice. — Un attribut qui est comme tous parfait en la **Cause-Première** et toujours en perfectibilité chez tous les Êtres; qui pour chacun d'eux est le principe, la nécessité, le critérium de sa liberté, de son égalité, de ses droits et devoirs, de sa bonté et de son bonheur.

Droit, Devoir, Utilité, Justice, Égalité sont des faces de la Solidarité.

Hélas, jusqu'à présent, la base des lois et conventions humaines a été l'opposé de la Justice et un attentat contre la Solidarité qui est l'obligation universelle, la loi des lois, **l'Amour** dans sa plus haute acception.

La Solidarité coordonne tous les Êtres et leur demande une respective subordination : Elle fait chacun d'eux cause et effet, moyen et but du développement général.

Droit et Devoir. — Les deux faces d'une même obligation : Vouloir énergiquement pour tous ce que l'on veut pour soi; conquérir, pour soi et pour tous, toute la somme possible d'avantages que comporte le milieu où l'on se meut.

Bonheur. — Usage parfait de tout son droit et de tout son **devoir** : Seul, cet usage donne à chaque individu toute sa liberté possible.

Vérité. — Expression fidèle de la réalité.

Chaque Être a la possibilité et le **devoir**, la **nécessité**, d'en connaître toute la parcelle qui lui est actuellement accessible et correspond au sommet du développement que lui permet son organisme actuel.

Chercher toujours la Vérité, et n'obéir qu'à ce qu'elle commande, est le seul avantage réel et la seule obligation stricte pour un Être.

Science. — Connaissance des réalités, de leurs causes et de leur principe, de leurs effets et de leur conclusion.

Elle doit partir de l'observation rigoureuse de tous les phénomènes dans l'infinité de l'espace et du temps, en remontant et en descendant, méthodiquement et expérimentalement, la chaîne de leur causes et celle de leurs effets possibles ; pour en induire leur origine et en déduire leurs conséquences les plus éloignées.

Dans toutes les parties de cette science générale, l'homme en est encore aux tâtonnements; mais il la réalisera promptement quand l'intérêt individuel n'obscurcira plus ses recherches, car elle est la révélation nécessaire, **la seule possible.**

Philosophie. — Science des sciences ou science des causes et des effets, en même temps que des possibilités et des applications individuelles et collectives de tout le savoir humain ; de ce savoir elle coordonne toutes les parties en les vérifiant les unes par les autres.

Elle se constituera dans l'humanité ; elle en sera le lien, la religion ; la règle de justice, de bonté, de Solidarité ; elle sera simple, claire, concordante avec tous les faits de la nature.

CONCLUSION
DE LA PREMIÈRE ÉTUDE

Je clos et résume ici l'exposé de mon testament philosophique et social par cette 27° et dernière proposition :

Dans le Temps et l'Espace, tous les Êtres évoluent par la Solidarité : Sa pratique est l'obligation, la possibilité et la mesure du développement de chacun d'eux.

Cette pratique s'impose d'autant plus strictement à l'Être, qu'il est plus développé : Ainsi, nous Êtres humains, pour nos besoins, nos aspirations, notre perfectionnement, l'évolution de notre espèce, et pour en garantir l'anéantissement prématuré sur la planète Terre :

Nous avons la nécessité urgente de chercher et c· l'établissement d'une société harmonique dans laquelle, — **tous sans exception** — nous jouirons individuellement, par choix et équivalence, d'un droit égal sur toutes les valeurs qui se consomment et se détruisent par l'usage ; fruits : Des forces et richesses naturelles, des acquisitions antérieures de l'humanité, des travaux et avantages sociaux (les forces et richesses naturelles ; les acquisitions collectives de l'humanité — indivisiblement et par droit imprescriptible — appartiennent à toutes les générations) ; nous aurons nos immunités, nos aptitudes, nos facultés étudiées, harmonisées et utilisées à notre profit et à celui de tous ; nous bénéficierons de toute la somme possible de bien-être, de sécurité, de liberté, de savoir, d'émulation : **De développement ;** nous remplirons, dans la division du travail, par la réciprocité des services, des fonctions dissemblables, mais équivalentes ; nous serons socialement égaux.

Alors, seulement, chacun aura la plus grande individualité possible dans la Solidarité de tous ; le règne de l'homme sur l'homme sera fini, celui de Dieu commencera ; il n'y aura plus ni spoliateurs, ni spoliés, ni dupeurs, ni dupes, ni exploiteurs, ni exploités ; nous n'aurons plus entre nous ni motifs, ni prétextes de ruses, de luttes et de haines ; il ne nous sera plus impossible de joindre nos efforts dans une association mutuelle pour chercher, connaître, conquérir tout ce qui est utile au plus grand bien de tous et de chacun ; nous aurons tout avantage, plaisir et facilité à être complètement solidaires les uns des autres.

Finalement, chacun de nous pouvant acquérir la plus grande somme possible de **bonté** que puisse atteindre l'Être humain, tous nous pourrons accomplir harmonieusement notre ascension présente.

Les propositions ci-dessus ne sont pas une découverte personnelle, mais l'œuvre condensée du travail collectif de l'Humanité ; qui doit et devra toujours les vérifier par les faits, lesquels eux-mêmes se trouveront éclairés par elles : un seul fait, **bien constaté**, qui leur serait contraire, les infirmerait.

Pour qu'elles soient examinées dans des discussions et par des recherches aussi complètes et rigoureuses que possible, je les dédie et les lègue à la Société d'Anthropologie de Paris, parce qu'elles sont surtout du domaine des sciences anthropologiques.

Je lègue à son laboratoire mon organisme actuel, sitôt que je ne l'animerai plus ; afin que, par lui utilisé, il serve scientifiquement la vérité qui seule est essentielle pour nous guider.

Pour terminer, je demande que ce qui ne sera point utilisable de mon organisme soit incinéré si la loi le permet ; sinon, qu'il soit enterré dans la fosse commune par le convoi des plus déshérités sociaux, mes frères le mieux aimés ; et qu'incinéré ou enterré, avec une copie du présent testament, il ne soit occasion à **aucune, aucune cérémonie**.

Entre la **Cause-Première** et un Être quelconque, il n'est ni oraison salariée, ni intermédiaire officiel efficace.

Écrit et signé en plusieurs expéditions le 2 novembre 1882, à Paris, rue Rollin, n° 3, dans la plénitude de mes facultés physiques et intellectuelles, de ma volonté et de ma liberté d'esprit et d'action.

Édouard BOULARD .·.

Républicain,

Collectiviste-Intégraliste-Révolutionnaire.

DEUXIÈME ÉTUDE

ORGANISATION

PREMIÈRE PARTIE

Lecteur, si tu es un chercheur ami de la vérité, cette courte et sincère étude t'est soumise et dédiée.

Elle est un résumé fidèle des travaux de toutes sortes que ne cessent de poursuivre et de propager les vrais serviteurs de la Justice-Éternelle, cette nécessité sociale de l'Humanité.

Ces amis de l'équité poursuivent leurs travaux par l'observation rigoureusement méthodique, dans leurs causes et dans leurs effets, de toutes les lois naturelles et de tous les faits sociologiques connus.

Ces travaux, ils les propagent à leurs risques et périls, au bénéfice de tous, pour mettre fin et retirer toute possibilité future aux exploitations d'hommes par d'autres hommes.

Les efforts de ces amants véritables de l'Humanité sont dénaturés, calomniés, bafoués par des Êtres ayant la face humaine et l'égoïsme bestialement étroit.

L'Humanité, hélas, a encore ses parasites, ses frelons, ses renards, ses loups, ses reptiles.

Ces derniers avec un bagage de faux savoir pontifient des morales conventionnelles, métaphysiques et lucratives, tirées de prétendues révélations surnaturelles; de philosophies positivistes, mais si peu positives; de doctrines d'économie politique, échafaudées de négatives éruditions; de déductions pseudo-scientifiques, basées sur la connaissance incomplète de quelques faits observés, seulement, dans leurs apparences et leur isolement.

Dans leurs élucubrations intéressées, ces orgueilleux docteurs de l'erreur, exploiteurs de l'ignorance qu'ils enseignent et des iniquités dont elle est la source, accusent les socialistes révolutionnaires d'être — ce qu'ils sont eux-mêmes : — Avilissants, ambitieux, fourbes, dupeurs ou fous.

Quelques-uns osent même avouer que s'il était à leur pouvoir de distinguer, dès leur naissance, ces révolutionnaires criminels ou fous, qui essaieront de détruire l'ordre social et la hiérarchie qui en découle, ils ne reculeraient pas à en débarrasser l'Humanité!

Ces rusés maîtres fourbes dissimulent, dans leurs discours et dans leurs écrits, que c'est l'état anarchique dont nous souffrons tous, que les socialistes conséquents veulent détruire, pour le remplacer par une organisation harmonique et une Solidarité effective.

Dans la duplicité de ces exploiteurs de l'anarchie sociale actuelle, cette aberration est un des effets, logiquement monstrueux, de l'artificiel intérêt individuel affolé.

Elle est un des maux effroyables qui, depuis des milliers de siècles, se perpétuent et s'aggravent dans l'Humanité, parce qu'elle viole sa loi naturelle : la Solidarité.

Les Etres humains, dès leurs premières évolutions sur la planète Terre, pouvaient se donner entre eux des relations harmonieuses en solidarisant leurs efforts.

Tout au contraire, ils se sont faits des milieux sociaux (1) des mœurs et des lois conventionnelles qui mettent chacun d'eux en lutte avec lui-même et avec chacun des autres, qui lui font une nécessité de faire prévaloir son intérêt personnel envers et contre tous ; d'où, inévitablement, les égoïsmes, les hypocrisies,

---

(1) Pour chaque homme son milieu social est la plus importante des conditions de bonheur : Il ne peut réagir que faiblement contre les influences de ce milieu et il les subit beaucoup, beaucoup, dans ses mobiles, son vouloir, ses possibilités, sa conduite et son développement.

Quand les influences de son milieu social sont pernicieuses plus un homme est faible (socialement, physiquement, intellectuellement), plus il en est écrasé ; mieux il est partagé, plus il a de forces nombreuses et puissantes pour lutter contre ces influences et pour être utile ou nuisible autour de lui ; mais son réel intérêt est d'être utile et d'éviter les luttes stériles. Donc il a avantage et obligation à se servir de ses forces pour aider énergiquement à la transformation rapide, et bonne pour tous, du milieu social, qui produit de facheuses influences, dont, quoiqu'il fasse, il supporte les conséquences.

D'où, logiquement, toute transformation altruiste d'organisation sociale précédera, nécessairement, la transformation altruiste individuelle du plus grand nombre ; car, toujours, quelques volontés éclairées et énergiques pour le bien finissent par entrainer la majorité de celles moins heureuses.

les suspicions, les fraudes, les ruses, les luttes, les haines qui divisent tous les hommes et sont les causes de presque toutes leurs maladies, leurs misères et leurs erreurs.

En ce moment, dans tous les groupements humains, grandes et petites nationalités, les résultats sociaux économiques sont épouvantables; la suspicion et la haine, des citoyens les uns envers les autres, sont très graves et vont toujours augmentant; enfin les plus imminents dangers intérieurs et extérieurs — sinon les plus sérieux et les plus terribles — viennent de ce qu'une inévitable lutte à mort est engagée entre les travailleurs et le capitalisme (1).

Le capitalisme est le résultat d'accumulations individuelles de produits du travail, soustraits à ses producteurs; une pieuvre insatiable; une forme déguisée et perfide de domination de l'homme sur l'homme; une puissance démoralisatrice et impitoyable, qui va en augmentant, de plus en plus, dans un nombre de mains de moins en moins nombreuses.

Par le capitalisme, les travailleurs sont de plus en

---

(1) Dans tous les pays, les citoyens sont à la veille des plus terribles commotions, mais je crois pouvoir affirmer, d'après les plus sérieux renseignements, que c'est encore en France où la vie sociale — individuelle et collective — est la moins malheureuse et la moins imminemment en péril; parce que c'est là où les citoyens ont le plus d'espérance que le problème social peut avoir sa solution, sans qu'ils soient acculés à employer la dynamite, évitant ainsi des boucheries humaines épouvantables.

plus exploités, de moins en moins regardés comme des hommes, réduits à être des misérables dans une abondance qui est leur ouvrage.

Le capitalisme est la forme moderne de la féodalité, une des productions barbares et anti-humaines de l'*individualisme*, ce mobile artificiel et despotique du « *Chacun pour soi.* »

Les différentes formes féodales ont, partout et toujours, la précaution de s'entourer d'une hiérarchie d'intermédiaires afin : 1° De se garantir dans le milieu social qu'elles tyrannisent, 2° d'en conquérir et accaparer tous les avantages.

Quand des formes féodales voient leurs privilèges trop menacés par des revendications environnantes, elles se coalisent internationalement pour se débarrasser des revendicateurs ; elles arrivent alors à faire se haïr et s'entre-tuer, sous prétexte de patriotisme, des malheureux qui ne se connaissent pas, des malheureux qu'elles exploitent et spolient, qu'elles trompent et aveuglent.

Aujourd'hui, les choses en sont arrivées à une intensité telle, qu'exploités et exploiteurs du capitalisme ont une nécessité urgente et absolue à le supprimer, en socialisant — pacifiquement, évolutivement ou révolutionnairement, mais le plus rapidement possible — toutes les forces et richesses naturelles.

S'ils ne s'entendent pas, sans délai, pour obtenir ce résultat, ce qui est moins au pouvoir des exploités que des exploiteurs, ils sont entraînés, inévitablement, à se servir les uns contre les autres de tous les moyens possibles de destruction, les uns pour se débarrasser des autres et de leur égoisme de

brutes, ceux-ci pour maîtriser ceux-là, s'ils le peuvent ???

C'est à cette heure où l'humanité est menacée par
elle-même des plus terribles dangers, à la suite
desquels ses meilleures acquisitions et son existence
même peuvent être englouties, que des hommes à
l'instinct d'autruche, ne voulant pas voir le péril,
fulminent, ne pouvant faire plus, contre les citoyens
qui veulent en faire disparaître les causes par des
moyens efficaces en démasquant les palliatifs intéressés dont l'inutilité, de plus en plus constatée, ac-
cumule des malentendus et des fureurs désespérées
de destruction et de carnage.

Eh bien, ce sont et les docteurs sans vergogne
dont il est question plus haut, et leurs soutiens plus
ou moins conscients, ces impudents et imprudents
personnages qui ferment les yeux pour ne pas voir,
qui se bouchent les oreilles pour ne point entendre,
parce que, dans nos agglomérations anarchiquement
organisées, ils possèdent ou cherchent à posséder
des privilèges et des monopoles, ces causes secondaires et incessantes des misères individuelles et de
la mort prématurée, de l'*assassinat anonyme* d'un
nombre de plus en plus considérable de citoyens par
les meurtrières conditions sociales qu'ils sont con-
traints de subir sous le despotisme de l'arbitraire or-
ganisé par d'iniques et hypocrites légalités.

Hélas, cet assassinat social, ce crime de lèse-Hu-
manité ne trouble pas les ambitieux, les satisfaits,
les indifférents et les poltrons; mais ces égoïstes, pa-
ralysés de l'intelligence et du cœur, s'effraient d'avoir
leurs illusions menacées, d'avoir leur digestion troublée, d'avoir la peur d'avoir peur !!!

Dans leur infime minorité tapageuse, tous ces obtus égoïstes nient les besoins et la misère du plus grand nombre.

Ils crient bien haut pour se donner du courage :

« Que les socialistes révolutionnaires, s'ils ne sont « pas des ambitieux et des dupeurs voulant pêcher « en eau trouble, sont au moins des songe-creux « utopiques et fous, poursuivant la destruction d'un « état social qui fonctionne et une illusion, sur la- « quelle ils se refusent à réfléchir, pour ne pas voir « son impossibilité de fonctionnement. »

Les individus qui parlent ainsi mentent sciemment ou sont des ignorants volontaires.

Depuis longtemps, en toutes sortes d'occasions, les collectivistes-intégralistes-révolutionnaires ont indiqué les grandes lignes de fonctionnement de 'organisation sociale harmonique dont ils poursuivent l'avènement.

C'est sur leurs données que j'ai condensées, qu'est établi le petit résumé suivant.

DEUXIÈME PARTIE

Une Société harmonique ou intégralement collectiviste a pour base la *Justice*.

Elle ne peut être composée que d'associés égaux entre eux (hommes et femmes).

Pour ces associés la liberté de penser, de parler, de se réunir, de se coaliser est illimitée; les limites de leurs licences, dans les actes, sont exactement pareilles.

Elle est une organisation de réciprocité et de garanties mutuelles : Chacun pour tous, tous pour chacun.

Tous les efforts et les avantages sociaux y sont spécialisés et centralisés dans des services publics.

Tout son travail s'accomplit en fonctions dissemblables, par des coopérateurs intelligents et libres.

Tous sont producteurs équivalents, bénéficiaires égaux, assureurs et assurés solidairement unis contre toutes les éventualites perturbatrices.

Son activité a pour but l'entretien, la sauvegarde, le développement de la vie pour tous; d'assurer toute la somme possible de bien-être, de sécurité, de liberté, de savoir, d'émulation : De **développement** à chacun.

Elle est combinée, répartie, divisée, subdivisée autant qu'il est nécessaire, afin que chacun de ses participants ait ses obligations sociales variées, faciles, attrayantes, courtes, efficaces, débarrassées de tout ce qui peut les rendre fatigantes, pénibles, malsaines ou dangereuses.

Ses groupes principaux de services publics ont pour objet les opérations suivantes :

ENTRETIEN DE LA VIE :

1° Utiliser et transformer les forces et richesses naturelles en produits de consommations, de protections et de relations.

2° Rechercher les conditions, les divisions et les subdivisions les plus efficaces à employer pour cette utilisation et ces transformations.

3° Rechercher, améliorer, perfectionner les engins, procédés et moyens employés à cette utilisation et à ces transformations.

4° Contrôler, comparer et coordonner les divers travaux ci-dessus et leurs résultats.

5° Rechercher les meilleurs procédés et moyens de circulations, de centralisations et de distributions de tous les produits qui se consomment et de tous ceux qui se détruisent par l'usage, afin que chaque associé puisse en choisir sa part.

6° Essayer et mettre en pratique les procédés et moyens de circulations (terrestres, maritimes, aériens), jugés les meilleurs.

7° Essayer et mettre en pratique les procédés et moyens de centralisations, jugés les meilleurs.

8° Essayer et mettre en pratique les procédés et moyens de distributions, jugés les meilleurs.

9° Contrôler, comparer et coordonner les travaux ci-dessus et leurs résultats.

10° Rechercher et essayer toutes les conditions de signes représentatifs des droits individuels aux divers avantages sociaux, de relations et d'échanges entre les différents services publics.

11° Faire les opérations relatives à la circulation des signes représentatifs des droits, des relations et des échanges dans la collectivité.

12° Contrôler, comparer et coordonner les travaux ci-dessus et leurs résultats.

13° Rechercher les procédés et moyens relatifs aux échanges les plus favorables avec les autres Sociétés humaines.

14° Rechercher et essayer toutes les conditions de valeurs représentatives d'échanges avec les autres Sociétés humaines.

15° Faire les opérations relatives à tous les échanges internationaux (exportation).

16° Faire les opérations relatives à tous les échanges internationaux (importation).

17° Contrôler, comparer et coordonner toutes les opérations relatives aux échanges internationaux et leurs résultats.

SAUVEGARDE DE LA VIE :

1° Rechercher les causes de troubles et de désorganisations provenant de l'organisme humain.

2° Rechercher les procédés et moyens pour combattre et détruire ces causes, en prévenir et réparer les effets.

3° Essayer et mettre en pratique ces procédés et moyens.

4° Contrôler, comparer et coordonner tous les travaux et résultats relatifs à l'organisme humain.

5° Rechercher les causes de troubles et de désorganisations provenant du milieu social national.

6° Rechercher les procédés et moyens pour combattre et détruire ces causes, en prévenir et réparer les effets.

7° Essayer et mettre en pratique ces procédés et moyens.

8° Contrôler, comparer et coordonner tous les travaux et résultats relatifs au milieu social national.

9° Rechercher les causes particulières et générales de troubles et de désorganisations provenant de la flore, de la faune, du climat et du sol.

10° Rechercher les procédés et moyens pour combattre et modifier ces causes, en prévenir et réparer les effets.

11° Essayer et mettre en pratique ces procédés et moyens.

12° Contrôler, comparer et coordonner les divers travaux ci-dessus et leurs résultats.

13° Rechercher les causes pouvant amener des difficultés avec chacune des autres Sociétés humaines, les moyens de combattre et de détruire ces causes; applications de ces moyens.

14° Contrôler les efforts et les moyens appliqués à l'harmonie sociale et extérieure, et leurs résultats.

15° Rechercher les engins, procédés et moyens pour se défendre des agressions éventuelles des autres Sociétés humaines.

16° Créer ces engins, les entretenir et les perfec-tionner.

17° Utiliser ces engins; mettre en pratique les procédés et moyens de défense nationale contre les agressions extérieures.

4.

18º Contrôler, comparer et coordonner tous les travaux et résultats relatifs à la défense nationale (1).

19º Centraliser, coordonner et améliorer tous les procédés et moyens pour réparer, individuellement et collectivement, tous les effets fâcheux provenant de n'importe quelles causes. (Vieillesse, accidents, maladies, etc., etc.)

DÉVELOPPEMENT DE LA VIE :

1º Rechercher les meilleures conditions, les procédés et les moyens pour que les mères, pendan toute la période de leur gestation, puissent transmettre au germe qu'elles portent les impressions les plus favorables.

2º Rechercher et essayer les meilleurs procédés et moyens pour que les enfants, dans leurs premières années, soient excités à l'exercice, à l'observation, au jugement, à la spontanéité, à l'intuition, afin que — physiquement et intellectuellement — ils se développent harmonieusement.

3º Vulgariser et essayer, socialement, de plus en plus, les meilleurs procédés et moyens pour le développement harmonieux de l'enfant à l'état embryonnaire et dans ses premières années.

---

(1) Quand une première société collectiviste se sera établie, elle sera d'abord en butte à toutes les animosités des dirigeants des sociétés individualistes environnantes; mais, bientôt, ces dernières se transformeront, deviendront, elles aussi, collectivistes; et finiront par se fondre dans une grande fédération communiste humaine.

4° Contrôler, comparer et coordonner les essais, travaux et résultats relatifs au développement harmonieux de l'enfant dans sa vie intra-utérine et ses premières années.

5° Rechercher les meilleures méthodes, les procédés et moyens pour que l'enfant, dans son âge deuxième, se familiarise avec la pratique et la théorie de la Solidarité; qu'il s'approprie graduellement — physiquement et intellectuellement — les premiers éléments d'hygiène, de chant, de gymnastique, de natation, de travail et de science; qu'il soit, de plus en plus, incité à chercher, à juger, à agir, à se connaître, à se contrôler, à ne jamais mentir (Études primaires.

6° Essayer et mettre en pratique les méthodes, procédés et moyens pour le développement harmonique des études primaires.

7° Contrôler, comparer et coordonner les essais, méthodes, travaux et résultats relatifs au développement harmonique des études primaires.

8° Rechercher les meilleures méthodes, les procédés et les moyens pour que l'enfant, de son âge deuxième à sa puberté, continue encyclopédiquement son harmonieux développement; qu'il soit poussé à réfléchir, à analyser, à synthétiser, à généraliser le plus possible; à fuir la fanfaronnade, la pusillanimité, l'égoïsme; à suivre les divers détails des travaux sociaux, à en étudier physiquement et intellectuellement la pratique (Études secondaires).

9° Essayer et mettre en pratique les méthodes, procédés et moyens reconnus les meilleurs pour le développement encyclopédiquement harmonique des études secondaires.

10° Contrôler, comparer et coordonner les méthodes essais, travaux et résultats relatifs au développement harmonique des études secondaires (1).

11° Rechercher les méthodes, procédés et moyens pour que, de plus en plus, les jeunes gens, de la fin de leurs études secondaires à 21 ans : Développent leurs études des différents travaux sociaux physiques et intellectuels ; étudient et discutent librement, entre eux, les systèmes généraux, les théories et les hypothèses principales des divers groupes de connaissances exactes ; recherchent et expérimentent les moyens de reconnaître ce que le témoignage des sens a d'illusoire et de réel ; qu'en même temps, ils s'habituent aux exercices, exigences et difficultés de l'état présumé de défense nationale contre les agressions extérieures, et s'exercent à de respectives et fraternelles subordinations : Chacun d'eux, dans tous ses travaux, remplissant alternativement des fonctions d'exécution et de direction (Études complémentaires.)

12° Essayer et mettre en pratique les méthodes,

---

(1) Les études secondaires ne pourront être commencées par aucun enfant avant qu il ait dix ans ; tout l'enseignement qui les précède devra lui être donné de façon concrète : En provoquant ses questions, en lui donnant toujours des réponses appropriées à son intelligence, ainsi que des leçons de choses de plus en plus compliquées.

procédés et moyens relatifs aux études complémentaires.

13° Rechercher les meilleures méthodes, les procédés et les moyens pour que les jeunes hommes et les jeunes femmes, leurs études complémentaires accomplies, aient leurs aptitudes supérieures mises en lumière et développées. (Études spéciales)

14° Essayer et mettre en pratique ces méthodes, procédés et moyens.

15° Rechercher, essayer, mettre en pratique et utiliser au profit de la collectivité toutes les aptitudes individuelles intégralement développées et harmonisées (1).

16° Étudier et établir tous les moyens d'encourager continuellement les penseurs à chercher — logiquement et scientifiquement — le pourquoi et le comment, les causes et les effets possibles de tout ce qui est dans la Nature.

17° Contrôler, comparer et coordonner tous les essais, travaux et résultats relatifs aux études complémentaires et spéciales, au développement et à l'utilisation de toutes les aptitudes individuelles.

18° Rechercher toutes les possibilités d'incitations

---

(1) Dans une société où toutes les aptitudes individuelles seraient développées et utilisées comme valeurs sociales équivalentes, tous les citoyens seraient de plus en plus stimulées *altruistement* à produire tout ce qui leur est possible; toutes les individualités de non-valeurs et de perturbations sociales disparaîtraient rapidement, et beaucoup de caractères qui sont aujourd'hui des dangers sociaux seraient alors très utilement utilisés.

et d'émulations aux poursuites et découvertes individuelles et collectives de jouissances sociales hygié-
niques et fortifiantes, artistiques et scientifiques,
sédentaires et cosmopolites : Afin que chaque citoyen
ait toujours, sans nuire à la liberté et au droit des
autres, toutes les facilités possibles de choisir et de
varier ses plaisirs, de développer et d'utiliser son intelligence et son vouloir.

19° Réaliser toutes ces possibilités.

20° Contrôler, comparer et coordonner les recherches, les essais, la mise en pratique et les résultats
relatifs aux incitations, émulations et jouissances
sociales.

21° Rechercher de nouveaux et plus étendus avantages sociaux dans les acquisitions humaines antérieures, les forces et richesses naturelles.

22° Essayer et mettre en pratique toutes les récentes acquisitions et découvertes sociales.

23° Rechercher et mettre en pratique toutes les
possibilités de rapprochements, de fédération, de
fusion avec tous les groupes humains; par : La propagande de la Solidarité; des échanges, des conventions, des congrès, des expositions, des traités de
toutes sortes; la création, le perfectionnement inces-
sant et la propagation d'un langage (mimé, parlé,
écrit,) universel, simple et clair, mathématico-carac-
téristique, onomatopique et conforme aux indications
de la nature (1), etc.

---

(1) Une des causes qui entretiennent et perpétuent l'individualisme et les plus sérieux dissentiments entre les
hommes, c'est la pluralité et la diversité de signification de

21° Etablir une exposition générale et des expositions secondaires momentanées de tous les documents
de recherches et de découvertes artistiques, littéraires
industrielles, scientifiques qui se sont faites et se
font sur la planète, alors qu'elles ne sont encore
l'objet d'aucun service public national.

25° Contrôler, comparer et coordonner les divers
travaux ci-dessus et leurs résultats.

26° Rechercher et mettre en pratique les conditions et les moyens pour que tous les citoyens puissent toujours, facilement, librement, pacifiquement:
Se mouvoir dans la Société dont ils sont les unités
intelligentes et libres ; y choisir des fonctions qui y
sont nécessaires, et qu'ils peuvent utilement accomplir ; y remplir leurs réciproques obligations ; y jouir
intégralement de leur part dans tous les avantages
collectifs ; en connaître, contrôler et discuter tout le
fonctionnement.

27° Etudier, établir, publier continuellement l'histoire et la statistique de chacun des services publics,
ainsi que les moyens sociaux créés pour encourager
les libres recherches individuelles et en expérimenter
les résultats.

Ces soixantes-trois principales divisions de l'activité sociale ne seront que des points de repère servant

---

leurs langages : Dans la nature organique de l'homme, rien
ne s'oppose à ce que l'humanité ait un langage unique;
l'égoisme, seul, y voit des obstacles.

à établir les indispensables groupes généraux des services publics.

Ces groupes généraux de services publics ne pourront êtré instaurés d'un seul coup.

Ils seront autant subdivisés qu'il sera utile pour l'efficacité, l'excellence du but à atteindre et des moyens à employer ; ils se pénètreront et se compléteront les uns les autres ; ils seront toujours modifiables et en tendance au mieux possible.

Les services publics seront constitués pour prévoir, combattre, détruire ou modifier les causes perturbatrices des intérêts collectifs et individuels, en réparer les effets ; chercher, organiser, améliorer et répartir entre tous également tous les avantages soci‑ x.

Les avantages sociaux, répartis également entre tous, conservent, développent et solidarisent tous les réels intérêts individuels.

La nature, dans l'infinité de l'Espace et du Temps, ne comporte que des existences éternelles et autonomes, l'ensemble de leurs manifestations qui sans cesse se transforment et se détruisent, et les lois immuables qui régissent toutes les possibilités (1).

Ces existences éternelles ont eu, simultanément, à l'origine, une même identité; depuis, dans les limites de leur liberté, de moins en moins restreintes, elles évoluent et se perfectionnent de différentes façons, elles deviennent de plus en plus dissemblables dans leurs developpement et leurs manifestations ; mais la nature

---

(1) Il y a les lois naturelles, elles sont éternelles; et des causes artificielles, elles sont transitoires. Il faut que les hommes apprennent à connaître les premières pour s'y conformer ; les secondes, résultent pour les êtres de leur emploi égoïste et inintelligent de ce qu'ils ont de liberté.

*les laisse continuellement solidaires et coopératrices
entre elles, par une respective subordination ne leur
permettant jamais, impunément, des inégalités hiérarchiques; donc :*

*La coopération sociale égalitaire est conforme aux
lois naturelles et ses effets sont avantageux à tous ;
tandis qu'une hiérarchie d'inégalités sociales n'est
qu'un résultat artificiel et fugitif de mobiles factices
que se donnent des individus qui se dupent, eux-mêmes,
et ses conséquences, toujours, leurs sont pernicieuses.*

*La Justice, l'Égalité, la Liberté, l'Utilité, le Droit
et le Devoir sont de la Solidarité des faces pareilles,
inséparables et indispensables: Tout ce qui, socialement,
en amoindrit une, amoindrit toutes les autres.*

*Sans égalité, la Solidarité est impossible, la liberté
et la sécurité n'existent pour personne; tous sont soumis
au despotisme de l'égoïsme individuel : Chacun est,
plus ou moins, victime et bourreau.*

*L'égalité sociale produit de bons fruits; l'inégalité,
des fruits mauvais.*

*La réelle égalité sociale ne pourra exister que dans
une organisation de Solidarité intégrale dans laquelle
l'intérêt particulier s'identifiera à celui général; où
chaque individu aura ses intérêts se confondant avec
ceux de chacun des autres, et où il sera une cellule
fonctionnant autonomiquement au profit de tous (1).*

C'est seulement dans cette organisation que les véri-

---

(1) Cette égalité ne sera pour les citoyens ni le semblable,
ni l'uniformité, moins encore le nivellement ; mais l'équivalence réellement équitable des avantages que chacun d'eux
recevra de la collectivité, en retour des utilités que ses
efforts lui apporteront.

tables supériorités seront connues, acceptées et employées harmoniquement : Parce que leurs possesseurs n'y ayant point d'intérêt à tromper personne, y auront tout avantage à servir l'intérêt de tous.

Au point où sont l'état cérébral de l'Humanité, les antagonismes, les besoins et les moyens sociaux, cette organisation est urgente, elle est la seule realisable ; la seule qui peut à chaque individu — en retour de sa part d'efforts donnés à la Solidarité — assurer toute sa liberté et tous les avantages possibles pour sa consommation, ses productions, ses actes individuels, l'épanouissement de toutes ses facultés et aptitudes dans ses œuvres (scientifiques, artistiques, etc.); et lui donner les moyens de développer et d'affirmer toutes ses supériorités vraies.

Cette organisation ne peut être composée que de citoyens égaux socialement entre eux; fonctionnaires libres et intelligents dans ses services publics ; lesquels sont ses organismes, ses organes et ses organites.

Elle ne peut comporter ni hiérarchie, ni privilèges, ni gouvernement (1).

Cette indispensable organisation sera: Car la nécessité oblige, de plus en plus, chaque homme à employer son activité libre et consciente pour créer un milieu

---

(1) Dans la société collectiviste, à tous les gouvernements actuels, il ne sera pas substitué de comités, mais un service public de concentration générale; dont les membres auront les mêmes avantages et les mêmes responsabilités sociales que tous leurs concitoyens. Un gouvernement quelconque est toujours la résultante en même temps que la force des privilégiés de la société individualiste qu'il représente; les comités arrivent toujours à produire des coteries d'intérêts individualistes.

harmonique à ses besoins réels, à ses aspirations : A son **développement** (1).

Si les hommes continuaient d'avoir l'intérêt individuel pour base de leurs relations, il est certain que l'espèce humaine, sans avoir accompli son progrès évolutif, disparaîtrait de la terre comme tant d'autres espèces inférieures, dont on ne retrouve que des traces paléontologiques : L'ennemi le plus cruel et le plus destructeur de l'homme, c'est lui-même; tant qu'il n'a d'autre but que les satisfactions illusoires de son égoïsme.

Si au contraire les hommes — qui ne sont en réalité que les animaux, les êtres organiques les plus développés sur notre planète, ceux dont les limites de liberté sont les moins restreintes — emploient ce qu'ils en possèdent pour agir suivant la loi universelle, la Solidarité, ils se débarrasseront de toutes les afflictions et de toutes les maladies qui les torturent ; ils acquéreront

---

(1) Aucun individu ne peut jamais à lui seul suffire à ses besoins; plus il est développé, plus — pour conquérir ce qui lui est nécessaire — l'entente avec tous ses semblables lui est indispensable ; s'il est en lutte avec l'un d'eux, il en souffre et son évolution en est, momentanément, atteinte.

Toute collectivité, de même que toute espèce, n'existe et n'évolue que par les individus. Quelques-uns, d'abord, dans chaque espèce en cherchent et en acquièrent les qualités possibles et supérieures. Ce sont ces qualités qui permettent évolutivement leur passage à d'autres espèces plus développées ; mais, avant, ils servent d'initiateurs à leurs congénères qui devront, eux aussi, conquérir ces mêmes qualités.

Plus une espèce est développée, plus son principal milieu lui donne de possibilités, et lui impose de Solidarité pour qu'elle les puisse réaliser et accomplir son évolution vitale.

des immunités, des aptitudes, des facultés nouvelles et plus étendues ; ils modifieront à leur profit leur organisme et tous les millieux sur et dans lesquels ils se meuvent ; et ils transformeront l'espèce à laquelle ils appartiennent.

La base des relations humaines conformes aux lois naturelles s'établira sur un point, d'où elle rayonnera dans toute l'humanité ; car les erreurs et les ignorances individuelles qni méconnaissent ces lois ont des conséquences anarchiquement désastreuses, mais momentanées et restreintes, disparaissant avec les causes artificielles qui les produisent ; tandis que la vérité, qui les constate, est immuable éternellement, et a ses effets harmoniquement avantageux, permanents et illimités.

L'erreur provient de faux savoir et de conceptions égoïstes, ses aspects innombrables sont de plus en plus démasqués par l'altruitisme et le savoir réel.

La vérité est une, elle est de mieux en mieux entrevue par les masses et démontrée par la science, qui est la seule révélation nécessaire et possible.

Il n'y a pas de fatalités, mais toute cause artificielle et tout moyen mauvais produisent, inévitablement, des effets et des résultats pernicieux.

Il est impossible d'enrayer, d'amoindrir, de faire disparaître, même révolutionnairement, des effets malfaisants, sans en connaître, combattre, détruire ou modifier la cause (1).

---

(1) Afin que, socialement, les actes révolutionnaires ne soient pas stériles, **nuisibles même**, ils doivent viser non des causes secondaires, mais la cause mauvaise principale, en même temps qu'un but utile et bien défini ; de plus ils ne sont des moyens indispensables que quand les évo-

Il faut que les travailleurs sachent bien que tous les effets nuisibles dont ils sont victimes, proviennent de l'inégalité sociale; résultat forcé de l'appropriation individuelle : Des acquisitions antérieures de l'humanité, des forces et richesses naturelles (1)

---

lutions nécessaires vers ce but rencontrent des résistances persistantes.

Et, même, quand ces moyens doivent être employés par les travailleurs — comme tous les excès sont préjudiciables à leurs auteurs et à l'efficacité de leurs efforts. — Il faut que les travailleurs, en agissant **révolutionnairement** ne fassent que ce qui, **présentement**, est utile au but qu'il veulent atteindre, afin que les conséquences de leurs actes soient avantageuses à tous, et ne puissent pas être exploitées contre eux et contre le progrès par leurs adversaires ou par de prétendus socialistes.

Les promoteurs des moyens révolutionnaires et de leurs excès probables sont, dans l'Humanité, comme dans la nature, des individus qui, par leur égoïsme plus ou moins dissimulé, contribuent à perpétuer autour d'eux l'iniquité et la haine.

(1) Les seules possessions ou propriétés desquelles ont besoin, et auxquelles ont droit, tous les individus, **sans exception**, sont celles qui leur sont utiles à consommer pour vivre et se développer physiquement et intellectuellement.

Or, quelle que soit la disette ou l'abondance des avantages consommables dans une société humaine, l'appropriation individuelle — même d'une seule partie de leurs sources — est toujours inique, perturbatrice et défavorable pour tous, sans jamais être, **réellement**, avantageuse à personne.

En équité et par définition, la propriété individuelle devrait comporter, **seulement**, ce qui est nécessaire et appartient légitimement à chacun. D'où il résulte que les principes collectivistes sont les vrais soutiens de cette propriété; puisqu'ils la veulent, sous toutes ses formes, pour

Il faut qu'ils connaissent clairement le but à atteindre, ainsi que les vrais et meilleurs moyens pour le conquérir; afin de ne plus se laisser duper par ceux qui les exploitent aujourd'hui, ni par ceux qui voudraient les exploiter demain.

Il faut qu'ils ne se laissent point égarer à de vaines manifestations, ni à la poursuite de modifications stériles et sans lendemain, elles leurs sont inutiles dans le présent et dans l'avenir; mais il faut qu'ils concentrent toutes leurs énergies en des efforts dont les résultats immédiats seront indestructibles, efficaces, rapides, pratiques et justes.

Il faut qu'ils fassent ces efforts: Pour l'émancipation humaine; en poursuivant sans cesse la conquête d'une organisation sociale de plus en plus égalitaire et complète de toutes les forces collectives; sans violenter personne dans sa liberté; en punissant, rigoureusement et sans miséricorde, tous leurs mandataires infidèles.

Il faut que chacun d'eux accomplisse fidèlement son devoir de Solidarité; qu'il défende sans faiblesse sa liberté et celle de ses adversaires, le droit des autres comme le sien (1); qu'il veuille énergiquement tout

---

tous, inaliénable, sans cesse féconde dans ses sources et de plus en plus abondante dans ses résultats.

Ces principes servent également la famille et la patrie; puisqu'ils y détruisent les principales causes de désordres et d'iniquités; qu'en même temps, ils y développent l'Union, la Solidarité et l'Amour.

(1) Travailleurs, toute loi, toute mesure exceptionnelle, aujourd'hui, dirigée contre un de vos adversaires, contre sa liberté, sera, demain, impitoyablement retournée contre vous, contre votre liberté.

ce qui est possible et sérieux dans les transformations sociales altruistes.

Les principes et les besoins sociaux, les moyens généraux de les satisfaire, ci-dessus indiqués, ont été cherchés, observés, reconnus par les collectivistes-intégralistes-révolutionnaires dans la nature de l'homme et dans les conditions où il se meut.

Ces principes, besoins et moyens sociaux ne sont pas les détails de l'existence individuelle et collective dans l'harmonique société future, mais ils en sont les bases de fonctionnement.

Les collectivistes-intégralistes-révolutionnaires sérieux, scientifiques, altruistes ne disent et n'écrivent que ce dont ils sont certains : Ils le mettent en pleine lumière.

Pour se garder d'erreurs et de tromperies, ils ne précisent jamais les détails futurs, qui résulteront de facteurs qui se modifient sans cesse.

L'humanité, par son développement actuel et ses acquisitions antérieures, acquiert de plus en plus facilement de nouveaux avantages qui, contre toute équité, deviennent surtout la proie de quelques-uns; elle a les facteurs de ses sociologies en variations incessantes et imprévues, chacune de ces variations y perturbe et y divise davantage les intérêts individuels; aussi, nul cerveau humain ne peut prévoir ce que les sociétés individualistes d'aujourd'hui seront demain.

Dans l'Organisation collectiviste-intégraliste-révolutionnaire toutes les modifi-

cations seront étudiées et voulues; elles apporteront du profit à chaque individu et à tous toute la somme possible de liberté, laquelle n'est jamais aussi complète pour un individu que quand il est associé à tous ceux qui l'entourent, et, qu'alors, tous se la limitent, volontairement et réciproquement, dans le cas où celle de l'un quelconque d'eux, si elle était absolue, pourrait empiéter sur celle d'un autre ou amener des collisions.

CONCLUSION
DE LA DEUXIÈME ETUDE.

Le collectivisme-Intégral-Révolutionnaire est l'organisation du milieu social conformément aux conditions indispensables à la sécurité et au perfectionnement des individus et de l'espèce; elle y fait logiquement diminuer et disparaître les causes d'atavisme et d'égoïsme, naître et se développer celles d'altruisme.

Cette organisation ne comporte ni autoritarisme, ni dictature; elle rend facile et agréable à tous une Solidarité effective; elle donne à chacun toute sa liberté et son développement possibles; elle achemine évolutivement, rapidement, au Communisme harmonieux et universel, forme sociale nécessaire au bonheur réel des individus et à l'évolution dernière et définitive de l'espèce (1).

Elle est basée sur l'inaliénation individuelle et l'exploitation collective du capital humain de plus en plus productif (2).

Elle a pour but d'assurer à chaque citoyen, en plus de ce qui est nécessaire à son existence : 1° Le développement intégral de toutes ses aptitudes, et leur utilisation comme équivalences sociales; 2° son libre choix d'appropriations équivalentes sur tous les fruits du capital humain ; 3° tout ce qui peut contribuer à sa plus complète liberté.

---

(1) Ce communisme sera un organisme social dans lequel tous les avantages sociaux seront en commun et où les rapports sexuels auront pour base les choix par affinités électives et les libres conventions entre les intéressés, parce que tous les bénéficiaires de cet état social y seront intimement associés d'intérêts, que s'aimant les uns les autres, ils se respecteront réciproquement.

Ce communisme commencera dans l'humanité là où les citoyens seront les plus intelligents, les meilleurs et les plus libres.

(2) Ce capital se compose de toutes les sources de production qui peuvent contribuer à l'exercice et au développement de la vie humaine.

Ces sources sont : 1° Les instruments collectifs de tous les développements individuels et de toutes les parties du travail social; 2° le sol, le sous-sol, le sur-sol avec leurs matières premières et leurs diverses forces.

TROISIÈME ÉTUDE

VOIES ET MOYENS

Amis lecteurs, j'essaie ici de vous tenir la promesse que je vous ai faite dans la deuxième étude du présent ouvrage.

J'espère vous y avoir démontré :

1° L'urgente nécessité d'une transformation radicale de toutes nos relations sociales.

2° Qu'elle ne peut s'opérer que par une révolution complète de la base qui leur a servi de pivot jusqu'à présent; à toutes les époques de notre Humanité et sur tous les points de notre planète.

La réalisation de cette révolution fait, maintenant, partie d'un problème inéludable dont la solution a toujours été un devoir pour l'Humanité; dont, pourtant, elle ne s'est encore occupée qu'iniquement et empiriquement.

Ce problème, dont l'importance s'affirme de plus en plus sous le nom de **Question-Sociale**, s'impose rigoureusement à nous tous pour notre existence.

Chaque homme, aujourd'hui, doit, pour sa sécurité et sa conscience, se demander, sans retard et sérieusement, qu'est-ce que la **Question-Sociale**?

Dois-je, et, si oui, comment puis-je coopérer à la résoudre le plus rapidement possible.

Chaque homme qui se demande qu'est-ce que la **Question-Sociale** est obligé de réfléchir et de reconnaître : Qu'il a des besoins impérieux et des aspirations au mieux-être ;

Que pour satisfaire ses besoins et ses aspirations, il lui est indispensable d'avoir des relations avec les autres hommes ; d'obtenir leur concours en toutes circonstances.

Alors il voit que la **Question-Sociale** l'oblige à chercher, à connaître, à aider la réalisation de toutes les conditions nécessaires pour que la société dont il fait partie lui donne toutes les satisfactions possibles.

Il constate que cette question existe pour tous, comme pour lui.

Mais toute question a sa formule, comment exprimera-t-il celle-ci ?

Deux manières générales peuvent lui paraître possibles :

L'une, où des mobiles illusoires de son étroit égoïsme l'influencent ; l'autre, que son intérêt bien compris lui fait entrevoir.

S'il persiste à vouloir la première, qui tend à prolonger, par des palliatifs, l'absurde anarchie actuelle c'est qu'il y est ou veut y être exploiteur : C'est un égoïste ambitieux, satisfait, indifférent ou poltron ; c'est un être encore dans les bas fonds humains ;

c'est un malfaisant fauteur de révolutions sanglantes.

Passives ou actives, les résistances aux transformations nécessaires obligent, pour les vaincre, les
exploités les plus pacifiques à employer la violence,
afin de se soustraire aux abus, monopoles et privilèges
dont ils sont victimes.

Comme il est possible, présumable même, hélas,
que des chocs, des destructions, des carnages épouvantables surgiront de l'antagonisme aigu entre les
bipèdes arriérés qui croient avoir bénéfice à sou-
tenir l'état social individualiste et les hommes qui,
par nécessité, intelligence, Humanité, cherchent à le
transformer rapidement et radicalement ; je veux,
dans une autre étude (le jour et le lendemain de la
révolution), chercher avec vous, citoyens lecteurs,
comment les conséquences désastreuses de ces terribles extrémités ne pourront point — comme dans
tous les cas analogues du passé — être exploitées
par une minorité égoïste et rusée contre une majorité trompée et aux prises avec des besoins urgents
et inéluctables.

Ce — qu'à ce moment et sans retard — il sera
indispensable de faire pour mettre, définitivement,
fin à toute possibilité future de luttes, de duplicités,
de spoliations entre les membres de la nouvelle association humaine.

Ici, je me joins à toutes les intelligences que leur
amour d'eux-mêmes ne rend pas fous ;

A celles qui désirent mettre en lumière et servir
la seconde possibilité d'exprimer le problème de la
Question-Sociale ;

A tous ceux qui, par altruisme ou par intérêt bien

raisonné, veulent vraiment agir en hommes, en cherchant, sérieusement, à résoudre ce problème qui
intéresse chacun de nous et l'Humanité tout entière.

Je leur dis, mes amis, poursuivons ensemble la
solution du problème qui s'impose à notre raison, et,
pour qu'elle soit plus facile à trouver, donnons une
forme claire à nos recherches.

Pour nous aider, faisons appel à l'expérience générale humaine, nous en apprendrons :

Que tous les hommes aspirent au mieux-être et au
bonheur ;

Que chacun d'eux s'en fait un idéal différent ;

Que les aspirations et les besoins ne paraissent
pas les mêmes chez tous ; qu'il est nécessaire que
chacun puisse apprécier les siens, pour en modifier
les parties artificielles ;

Que nul homme ne peut réellement se juger et
juger les autres, se modifier, connaître et satisfaire
ses aspirations et ses besoins naturels s'il ne possède toute la somme possible de bien-être, de sécurité, de liberté, de savoir, d'émulation : De **développement** que peut donner le milieu social où il
évolutionne.

Que, dans un milieu social quelconque, un seul
homme déshérité de l'un des droits ci-dessus est
spolié, et, qu'alors, il est toujours une menace et un
péril pour tous les autres.

Ainsi, en interrogeant sincèrement l'expérience
universelle de l'Humanité, nous en apprenons que la
répartition intégrale et égale entre tous de toutes les
conditions sociales de bien-être, de sécurité, de

liberté, de savoir, d'émulation : De **Développement** est indispensable et suffisante aux possibilités collectives et individuelles de Solidarité, de
sécurité, de bonheur.

Un des résultats indéniables de nos recherches
nous donne donc, pour notre problème, l'énoncé
suivant :

1° Trouver les conditions indispensables à une
organisation sociale où tous — **sans exception**
— posséderont toute la somme possible de bien-être,
de sécurité, de liberté, de savoir, d'émulation : De
développement.

2° Trouver les moyens équitables, efficaces, pratiques, rapides pour conquérir ces conditions ; établir cette organisation et la rendre indestructible.

3° Faire la preuve que cette organisation est nécessaire ; qu'elle est indispensable au bien de chaque
individu et à celui de toute la collectivité ; qu'elle est
la seule possible ; qu'elle est conforme aux lois naturelles ; qu'elle est évolutive.

En résolvant la deuxième partie de notre problème,
nous verrons si, vraiment, il y a devoir et nécessité
pour chaque homme à faire tous ses efforts pour que
ce problème soit promptement résolu.

Nous verrons, également, quelles sont pour tous
les raisons qui motivent ce devoir et cette nécessité.

———————

Afin de résoudre scientifiquement notre problème,
faisons encore appel à l'expérience universelle, elle
nous montrera clairement :

Qu'aucun individu ne peut vivre dans l'isolement ;

Que, réunis dans un milieu quelconque, des indi

vidus dont les efforts ne s'accordent pas ne peuvent
obtenir ce qui leur est absolument indispensable
que par des luttes incessantes, difficiles et meurtrières ;

Qu'unissant leurs efforts, ils obtiennent, pour
chacun d'eux, plus et de meilleurs résultats ;

Que plus ils sont en grand nombre dans une association harmonique, plus — par la division du travail — sont nombreux, divers et supérieurs les avantages qu'ils obtiennent avec moins d'efforts ;

Qu'ils ne peuvent réaliser longtemps cette association harmonique, si l'un d'eux peut s'y approprier
plus d'avantages et de droits que les autres, car,
pour acquérir cette prééminence, il est toujours incité
à la chercher, à la conquérir, à la conserver au
détriment de ses associés ;

Que l'égalité sociale n'existe point là où les avantages et les droits sociaux sont inégalement répartis ;

Que plus une société — fondée sur l'inégalité
sociale — possède d'avantages nombreux et divers :
Plus elle contient d'iniquités, plus elle comporte de
causes de révoltes et de désorganisations, plus chacun de ses membres est incertain de son lendemain
et moins il a de conditions de bonheur ;

Que quand, pour une cause ou une autre, l'inégalité sociale s'est établie entre des hommes tous en
souffrent ;

Qu'elle s'accentue, de plus en plus, tant que la
cause dont elle résulte n'est pas détruite ;

Qu'il y a toujours divisions, luttes et hai es entre
les hommes sitôt qu'ils sont inégaux socialement ;

Que plus leurs inégalités sociales sont fortes, plus

leurs luttes sont nombreuses, diverses, contradictoires et terribles ;

Enfin, que pour aucun d'eux ne doivent être limitées les possibilités d'acquérir par ses travaux, mais sans nuire aux droits des autres, toutes les jouissances individuelles possibles qui ne troublent pas l'égalité et l'harmonie sociales.

De toutes ces constatations, il ressort :

Qu'une organisation harmonique est nécessaire ;

Qu'elle devra n'avoir aucune possibilité d'inégalité des conditions sociales entre ses membres ;

Qu'elle devra leur imposer à tous une réciprocité absolue, leur donner une liberté égale, débarrassée de toute entrave sociale autre que celle de cette réciprocité.

Mais, pour que dans une organisation il n'y ait aucune possibilité d'inégalité des conditions sociales entre ses membres, il faut :

Qu'elle possède toutes les sources directes et indirectes des avantages sociaux ;

Qu'aucun de ses associés ne puisse jamais s'en approprier la moindre parcelle.

Pour qu'elle donne à chacun toute sa liberté possible, et toutes les possibilités de s'approprier, sur les résultats sociaux, tout ce qui est nécessaire à son existence et à son développement, il faut :

Qu'elle produise abondamment ;

Qu'elle soit organisée sur une coordination de stricte et égale réciprocité;

Que toutes les fonctions y soient équivalentes;

Que tous ses membres y soient fonctionnaires;

Qu'elle ne demande à chacun d'eux qu'un minimum de concours.

D'où la solution suivante, que nous obtenons à la première partie de notre problème :

L'organisation sociale, dont notre devoir est de poursuivre la réalisation, devra être une association de solidaire, intégrale et mutuelle assurance;

Elle devra developper harmoniquement et intégralement, puis utiliser, les aptitudes et les facultés de tous ses membres;

Elle devra exiger de chacun d'eux, en lui donnant toute possibilité d'être libre dans ses choix de producteur et de consommateur, un minimum indispensable de réciproques, de fraternelles et d'égales ou équivalentes subordinations et activités sociales;

Elle devra chercher et réaliser, scientifiquement, pour tous une abondante production physique et intellectuelle répondant à toutes les aspirations et à tous les besoins naturels;

Elle devra posséder la propriété collective, inaliénable, indivise de toutes les sources directes et indirectes de tous les avantages sociaux : Forces et richesses naturelles, acquisitions de toutes sortes faites par l'humanité alors qu'elles produisent des résultats exploitables ou consommables collectivement, cela, afin de pouvoir assurer à chacun de ses membres — **par l'égalité et la Solidarité** — toute la somme possible de bien-être, de sécurité, de

liberté, de savoir, d'émulation : De **développement** (1).

Par le procédé que nous avons employé, nous
avons, maintenant, une réponse claire à la première
partie de notre problème :

Nous savons où nous voulons aller;

Nous connaissons le but que nous voulons atteindre.

Pour trouver les autres solutions qui nous sont
nécessaires, continuons donc nos recherches, comme
nous les avons commencées, par la méthode expéri-
mentale, la seule logique, la seule fructueuse.

Par cette méthode, et pour ce que nous cherchons,
l'étude rigoureuse des faits nous démontre :

« Que, dans la Nature : Rien ne sort de rien ni ne
s'anéantit, tout s'y transforme par des acquisitions
réelles et progressives éliminant, successivement,
celles fictives et stationnaires; pas une acquisition
réelle n'est le résultat d'actions brusques et violentes,
toutes proviennent d'efforts intelligents et prolongés. »

(Par suite, nous ne pouvons espérer la plus grande
perfection possible de notre état social altruiste fu-
tur qu'en poursuivant énergiquement sa réalisation
par la transformation persistante, méthodique et
coordonnée de tout ce qui existe dans notre état social
égoïste actuel.)

---

(1) (Ma précédente étude indiquant la nature et les
grandes lignes de cette organisation, je n'ai pas à y revenir
ici.)

« Que tous les maux qui accablent l'humanité lui proviennent des moyens égoïstes : Violents, fourbes, iniques, hypocrites, que ses membres ont employés et emploient encore les uns contre les autres. »

(Nous devons donc, pour profiter de ce que l'observation et l'expérience nous enseignent, faire notre révolution sociale par des moyens altruistes : Francs équitables, clairs et fermes.)

« Que dans nos anarchiques sociétés actuelles, chacun de leurs membres est incité : A se mettre hypocritement en mesure avec les lois écrites; à fouler au pied les commandements des lois naturelles, à chercher ses avantages sociaux au détriment de ceux de tous les autres, et qu'on n'y pourrait trouver une seule situation où, sans sacrifier ses intérêts sociaux, un citoyen puisse complètement être honnête vis-à-vis de la justice éternelle. »

(Cette constatation nous commande : D'être indulgents entre nous; révolutionnaires impitoyables envers les conventions et les institutions anti-naturelles qui nous régissent ; de prendre les mesures les plus rigoureuses contre les égoïstes inintelligents et orgueilleux qui s'en font les champions et les soutiens.)

« Que dans nos milieux sociaux de luttes et d'égoïsmes, n'importe quelle réforme ou quelle entreprise ne peut réussir si ceux qui la veulent ne voient et ne poursuivent pas le même but, ne s'entendent pas sur : Le rôle de chacun d'eux, les difficultés à éviter, la méthode à employer, la sériation des mesures à prendre.

(Donc, il faut que tous les travailleurs et les hommes d'honneur se rendent compte que leurs adver-

saires, plus ou moins masqués, cherchent toujours :
A égarer leurs efforts sur des moyens inutiles ou
inefficaces, et à les stériliser en les faisant se dissiper
sur de nombreux et contradictoires palliatifs; que
pour lutter avantageusement contre ces duplicités
hypocrites, lâches et cruelles de ceux qui croient
avoir intérêt à conserver l'état individualiste, il leur
est nécessaire de trouver un **premier** programme de
conciliations et de propagande, sur lequel ils concen-
treront, socialement, toute leur activité, leur énergie
et leur intelligence.)

« Que l'exploitation de l'homme par l'homme se
continue et s'aggrave, de jour en jour, sous la pro-
tection de légalités impitoyables aux faibles et aux
travailleurs, monstrueusement indulgentes aux puissants et aux exploiteurs; que les spoliations et les
violences — **moins que les hypocrisies et les
duplicités législatives** — sont les causes des
iniquités sociales et de leur perpétuation.

(Donc, les plus grands criminels dans nos milieux
sociaux ne sont pas les assassins, les voleurs, les
capitalistes qui, en dernière analyse sont les produits
logiques de nos anarchiques organisations sociales,
mais bien les ambitieux qui sollicitent nos mandats,
nous promettant de faire nos affaires et qui ne cherchent qu'à faire les leurs.) (1)

____

(1) Tous les maux individuels humains (physiques, intellectuels et sociaux) ont, surtout, pour causes les luttes fra-
tricides passées et présentes des hommes entre eux.

La seule mesure préventive et curative efficace que les
hommes puissent opposer à leurs maux qui s'aggravent de
plus en plus, c'est l'établissement de la justice dans leurs
rapports sociaux; mais, pour qu'ils puissent arriver à établir

Ces coquins, dupant leurs électeurs, sont le plus redoutable et le plus pernicieux excitant de la mauvaise foi générale; ils sont les auteurs réels de ce que les mauvaises conditions sociales se perpétuent et s'aggravent; que, par elles, un nombre de plus en plus considérable de citoyens meurent avant leur époque normale, c'est-à-dire sont assassinés anonymement et légalement; (que le sort du pays, de la la République, du suffrage universel et le nôtre sont mis en péril). (1)

Mais comment les mandataires ont-ils pu, jusqu'à présent, tromper leurs mandants et échapper à toute responsabilité?

---

cette nécessité sociale, en partant du point où en sont leurs rapports sociaux aujourd'hui, il est absolument et premièrement nécessaire que les spoliés et les gens d'nonneur châtient ferme leurs mandataires infidèles, qu'ils traitent en victimes ceux de leurs concitoyens qui ont été trompés pour la première fois par ces dupeurs, en imbéciles ceux qui l'ont été deux, en idiots, ou en complices de ces misérables, tous ceux qui l'ont été davantage.

(1) La République, par le suffrage universel, est la première étape d'un peuple vers son émancipation sociale.

Dans tous les temps et dans tous les pays, aucune République n'a succombé sous les attaques des monarchistes; mais toutes ont été tuées par l'égoisme, les concussions et les attaques à la liberté individuelle d'une majorité de mandataires du peuple qui, frauduleusement, se couvrent de l'étiquette de républicains : Un tyran, un dictateur n'est possible que là où de nombreux tyrans, par l'anonymie de leurs actes collectivement égoïstes, ont semé le mépris et le dégoût autour d'eux.

Comment les mandants sont-ils continuellement dupés, ridiculisés, spoliés par ceux qui, en réalité, ne devraient être que les serviteurs de leur volonté?

Comment le suffrage universel leur a-t-il été, jusqu'à ce jour, une duperie; comment ce moyen, qui devrait leur être utile, leur est il préjudiciable.

Les réponses à ces questions nous donneront celles nécessaires à la deuxième partie de notre problème; en les cherchant, nous prendrons nos exemples en France; c'est partout à peu près pareil et c'est là, encore, que se présente l'ensemble des conditions les plus favorables pour établir les fondements de l'émancipation humaine.

Nos recherches nous ont appris :

Qu'un candidat loyal ne s'engage pas envers ses mandants à faire triompher leurs revendications, mais à faire naître toutes les occasions possibles de servir celles-ci sans crainte ni défaillance;

Qu'il n'a pas à s'abriter derrière les mandats des autres, mais à affirmer le sien quand même et toujours.

Que la probité lui commande de résilier ce mandat aux citoyens qui le lui ont donné, sitôt qu'il ne peut en tenir les engagements ;

Que quand il escroque la confiance qui lui a été donnée, c'est un misérable qui mérite la mort ;

Que les mandataires du peuple (conseillers, députés, sénateurs) lui ont toujours fait présenter et accepter des mandats contenant de nombreux articles raisonnants, mais creux, souvent en contradic-

tion les uns avec les autres, tous palliatifs et inefficaces.

Ces habiles dupeurs arrivent, ainsi, à ne tenir aucune de leurs promesses ; à prolonger l'incertitude,
l'inquiétude et l'ignorance générales.

Ils sont, plus ou moins, privilégiés du capitalisme
et veulent y faire leur part de plus en plus grosse ;
aussi, loin de chercher à faire disparaître les privilèges et les monopoles qui écrasent les faibles et les
travailleurs, mais dont est fait le plus clair de leurs
rentes, ils prolongent les anciens et en créent, sour-
noisement, de nouveaux.

Ils aliènent, de plus en plus, le sol national, ce qui
est le plus criminel des actes ; car il spolie le plus
grand nombre au bénéfice monstrueux de quelques-
uns, et il est la cause d'un salariat dégradant, qui
produit l'esclavage le plus terrible qu'ait encore en-
registré l'humanité : Celui de la faim (1).

---

(1) Les esclaves de n'importe quelle forme despotique du
passé n'ont jamais, proportionnellement, été aussi nombreux
que ceux du salariat ; n'ont jamais été, relativement, aussi à
plaindre.

Les esclaves des temps passés n'ont jamais eu les conditions de leur existence aussi terriblement distantes de celles
de leur maître, que les salariés ne les ont éloignées, de plus
en plus, de celles des capitalistes : Les esclaves représentaient
pour leurs possesseurs une valeur que ceux-ci avaient intérêt à
entretenir ; tandis que les salariés sont presque continuellement torturés par la misère et l'inquiétude pour leur pain du
lendemain, parce que l'intérêt des capitalistes est de faire
produire le *plus possible* par le *moins grand nombre possible*
de travailleurs et en ne les payant que *le moins possible*.

La marche progressive des moyens de production fait,

Les uns, avec une habileté de ruse indéniable, commencent pompeusement des discours à teintes un peu socialistes ; tout à coup ils s'arrêtent dans cette voie, qui est celle qu'ils avaient promis à leurs électeurs de parcourir, et leurs conclusions ne sont plus du tout en rapport avec leurs prémices.

Pourquoi?

C'est que si leurs appétits les incitent à chercher la popularité, leurs rentes et leur situation leur fait craindre d'être logiques et les fait dupeurs.

D'autres écrivent, dans des journaux à étiquette républicaine, avec cette facilité qu'on apprend au collège de dire blanc et noir sur le même sujet, de nombreux et pompeux articles sur tels et tels monopoles.

Peuvent-ils commettre ces mauvaises actions sans

---

qu'en chaque branche de l'activité humaine, la quantité de salariés qui, pour manger, ont besoin de trouver du travail et qui n'en trouvent pas, au moins suffisamment, devient de plus en plus formidable.

Cette quantité s'augmente chaque jour de petits laboureurs, de petits industriels, de petits commerçants, de petits rentiers que le capitalisme, sous toutes ses formes, ruine de plus en plus : Ainsi, le machinisme, qui dans l'avenir aidera au bonheur de l'humanité, fait aujourd'hui ses toitures; parce que les besoins qui, par l'évolution même des choses, deviennent chaque jour plus nombreux et plus tyranniques pour chacun, sont de moins en moins possibles à satisfaire pour un nombre d'hommes chaque jour plus considérable.

Alors ces hommes, dont la situation est d'autant plus terrible qu'ils sont entourés de plus d'abondance et de gaspillage se prennent de haine, hélas, moins contre la cause de l'état de choses dont ils souffrent que contre les hommes qui en bénéficient.

qu'elles leur servent à de secrets et inavouables intérêts ?

D'autres, enfin, se contentent de voter pour des
monopoles où ils n'ont pas d'intérêt pécuniaire,
parce que leurs copains, qui en ont, leur revaudront
cette complaisance.

Tous, en fait, s'occupent de leur moi et se moquent
de leurs électeurs.

Si ces derniers se récrient et parlent de révolution, ces messieurs n'en ont cure et les laissent
crier : Ils savent qu'une révolution ne vient pas
parce qu'on la prêche ; mais ils oublient qu'elle ne
peut être reculée quand la mesure est comble.

S'ils avaient autant de cervelle que de ventre, ils
devraient craindre, en se mettant à table, que les
meurt-de-faim ne viennent les anéantir avant la fin
de leur repas.

Tous ces dupeurs, ne voulant que satisfaire leurs
appétits au détriment de l'intérêt public, exaltent ou
critiquent ce qu'ils appellent le suffrage universel,
en raison de ce qu'il leur rapporte ou de ce qu'il leur
refuse.

Ils devraient n'en être que les serviteurs ; mais
ils le traitent en maîtres et veulent le façonner au
mieux de leurs intérêts privés, en cherchant :

A obscurcir les questions sur lesquelles il est ap-
pelé à se prononcer ;

A en restreindre le droit et la portée ;

A le faire fonctionner dans les seules conditions
où son verdict peut leur être favorable ;

A allonger, au moyen de subterfuges, le temps de
leur mandat, dont la durée déjà beaucoup trop
longue, n'a pas été voulue primitivement par les

électeurs, mais leur a été imposée, par leurs mandataires, après coup et frauduleusement.

Quant à ceux qui n'ont rien à espérer de lui, et à ceux qui redoutent ses décisions au point de vue de leur égoïsme étroit, ils l'accusent de toutes sortes de méfaits dont, en lui-même, il est bien innocent.

––––––

Quand les travailleurs voient ainsi menacé le moins mauvais moyen dont ils peuvent espérer leur affranchissement, ils doivent pour leurs enfants, leurs camarades et eux-mêmes faire tous leurs efforts pour le sauvegarder; et aller **même** jusqu'à la révolte sans crainte ni merci : **Elle est alors leur droit et leur devoir. (1).**

Dans ce cas, comme dans tous ceux où leurs droits primordiaux sont attaqués par de leurs concitoyens égoïstes et cruels ou par des agressions venant d'au-delà des frontières de leur patrie, il faut qu'ils soient bien pénétrés de cette vérité affirmée par l'expérience des siècles : Que leur avantage, la justice et le bien de l'Humanité leur commandent de frapper aussi haut qu'ils le peuvent.

Supprimer les principaux fauteurs de mesures iniques qui contraignent leurs concitoyens à la guerre civile, le souverain ou le ministre auteur d'une guerre d'agression, c'est un acte méritoire : La

––––––

(1) Le suffrage universel n'est qu'un des moyens pour l'émancipation sociale de tous; mais il est indispensable.

Ce moyen deviendra de plus en plus nécessaire, complet, permanent, puissant pour établir et garder l'harmonie humaine universelle,

vie sacrifiée d'un de ces coquins en épargne un nombre considérable d'autres honnêtes et utiles.

La justice éternelle veut que la vie d'un homme vaille celle d'un autre homme ; donc, c'est un acte de cette justice que d'anéantir un misérable dont les agissements sont les causes de la boucherie d'un grand nombre d'êtres humains.

Cette justice ne donne à personne — individu ou collectivité — le droit de punir un être malfaisant, ni de s'en venger ; mais elle fait un devoir à tous, par Solidarité, de le mettre dans l'impossibilité de nuire ; en prenant à son égard tous les moyens efficaces, même celui de sa destruction, s'il est nécessaire.

Revenons aux divers mandats actuels et remarquons que si tous, sans exception, pouvaient être votés et appliqués :

Aucun travailleur n'aurait son lendemain plus certain et sa bouchée de pain plus forte ;

Personne n'aurait sa sécurité mieux assurée.

C'est bien ce que savent ceux qui légifèrent, non pour, mais contre nous ; aussi veulent-ils par tous les moyens éloigner le plus possible le mauvais moment, pour eux, où leurs dupes s'en apercevront.

Alors, ils nous cherchent des trompe-l'œil, des fausses pistes, ils nous crient :

« Le cléricalisme, voilà l'ennemi; et ils rêvent de « nous faire accepter un clergé national ;

« La dictature, voilà le danger; et ils nous im- « posent la leur qui est anonyme, laquelle ne recu- « lerait pas devant le plus effroyable massacre des

« socialistes, si ces derniers leur en donnaient l'oc-
« casion ;

« Il nous faut, pour garantir la République?
« établir des lois : De protections pour nos actes
« de législateurs ; de répressions contre la licence?
« de ceux qui nous déconsidèrent publiquement;
« de renouvellements partiels des assemblées qui
« dépendent du suffrage universel, et dont nous
« sommes membres ; de stabilité sociale en suppri-
« mant les élections accidentelles ; etc., etc. »

Hélas, les histrions qui parlent ainsi ne se préoccupent que de leurs misérables intérêts : Ils cherchent à tromper l'opinion publique, à mutiler sour-
noisement notre embryon de suffrage universel et,
sous prétexte de défendre la République, ils mettent,
sciemment, son existence et les nôtres en péril.

Laissons de côté, pour l'instant, toutes les duplicités des dupeurs législatifs, et voyons comment
nous en prémunir pour l'avenir.

Mais, avant, occupons-nous de la conduite que
nous devons tenir alors que de leurs palinodies, il
sort telle ou telle situation qui, leur créant des rivaux
dans la curée des bénéfices, divise, déroute, affole
l'opinion publique.

Nous, socialistes conscients et sincères qui cherchons sérieusement les moyens pour que tous trouvent leur place au banquet de la vie, nous devons,
alors, plus que jamais, nous sentir les coudes et re-
doubler nos efforts de propagande.

Nous ne devons prendre partie ni pour, ni contre
les uns ni les autres, mais, les laissant se disputer

entre eux, démontrer le plus possible, qu'au fond, tous, ils ne cherchent qu'à satisfaire leurs appétits ambitieux aux frais des faibles et des travailleurs.

Nous devons sur un programme simple, clair, concis, efficace grouper tout ce que nous pouvons rallier d'adhérents aux idées socialistes et nous apprêter à profiter de toutes les fautes des individualistes ; pour apporter, au moment décisif, le poids de nos efforts et de notre courage au bénéfice de la Révolution sociale que nous poursuivons.

Tout ce que nous savons de la vie des sociétés humaines — jusqu'à présent — nous apprend que, dans n'importe laquelle d'elles, quand ceux qui vivaient de l'exploitation du plus grand nombre se sont, violemment, disputés entre eux les bénéfices de cette exploitation, si les exploités ont fait le jeu des uns ou des autres, ils en ont toujours été les victimes ; qu'au contraire, s'ils se sont recueillis pour imposer leurs revendications à leurs tyrans, alors que ceux-ci se sont affaiblis et démasqués les uns par les autres, ils n'ont jamais manqué de se débarrasser, momentanément, d'une partie de leurs chaînes.

Si, jusqu'à ce jour, il n'y a eu que des exploiteurs et des exploités, c'est que ces derniers n'ont pas su et voulu s'entendre pour détruire la cause primordiale de l'exploitation dont ils sont les esclaves ; aussi l'Humanité dans tout son long martyrologe, dont elle est l'auteur et l'acteur, où elle est bourreau et victime, ne nous a montré que des oscillations entre un peu plus et un peu moins de despotisme et de servilité : A ses conquêtes d'apparences de liberté et de justice, a toujours succédé un despotisme civil, anonyme et o lieux, suivi d'une dictature soldatesque, violente et religieuse.

Le peuple a brisé ses tyrans la veille ; mais il a faim :

Il est dépossédé de la richesse naturelle d'où sortent toutes les choses qui lui sont nécessaires ; il manque de tout, on lui promet l'abondonce ; il s'abandonne, il abandonne ses droits ; le tour est joué, son exploitation passée se continue sur une nouvelle étiquette : Il n'est plus esclave, il est serf ; il n'est plus serf, il est salarié. En fait, sa situation s'aggrave toujours.

————

De tout ce qui est ci-dessus, il ressort, pour nous, la connaissance du devoir et de la nécessité que nous avons de mettre tous nos efforts à protéger, élargir, éclairer le suffrage dit universel : A nous en bien servir, en faisant nous-mêmes, entre nous, un programme général de revendications socialistes : Simples, claires, concises, efficaces, comprenant des précautions sérieuses et une sanction inéludable.

Dans toutes nos sociétés individualistes et pourries d'aujourd'hui, tout mandat qui n'a pas de sanction est lettre morte.

Notre tâche est donc, maintenant, d'établir ce programme avec tous les éléments que nous avons rassemblés et qui nous donnent la connaissance :

Du but que nous avons à atteindre ;

De la situation où nous sommes ;

De la première étape que nous avons à parcourir ;

Des duperies dont nous avons à nous garantir.

Ce programme devra pouvoir être accepté de tous

les sincères républicains, qui ne peuvent être que de vrais socialistes :

Il devra être tel qu'il puisse leur servir de drapeau et leur permette de se séparer, en les démasquant, de tous les exploiteurs et aspirants exploiteurs qui se masquent et abritent leur mauvaise foi sous les étiquettes de républicains, de socialistes, de révolutionnaires, d'anarchistes, de collectivistes, etc. (1).

Ce programme devra être un point de repère sur lequel tous les travailleurs puissent s'entendre.

(Les travailleurs ne doivent accepter un programme qu'après l'avoir discuté et contrôlé entre

-----

(1) Travailleurs, n'oubliez jamais que vos ennemis les plus terribles sont les égoïstes qui mettent la ruse et l'hypocrisie de leurs appétits à voler les étiquettes ci-dessus, et, par elles, vous escamotent des mandats dont ils font lettres mortes.

Leurs duplicités étant la cause impitoyable de vos souffrances, vous devez être sans pitié pour eux : Rien ne les obligeait à prendre, et ne les oblige à garder votre mandat s'ils ne peuvent le remplir avec toute leur conscience et toute leur énergie.

Mais il faut vous rappeler aussi : Que si chaque mandataire social est justiciable de tous les citoyens, il ne l'est que de ses infidélités au programme qu'il a signé et sur lequel il a été élu ; que, pendant et à propos de son mandat, personne n'a le droit de lui demander autre chose que d'être fidèle à ses promesses écrites.

Donc, travailleurs, si vous ne voulez plus être dupes de mandats illusoires, ni complices de dupeurs, si vous voulez avoir des mandataires responsables envers vous, il faut que vous vous entendiez ensemble pour leur donner un programme clair, sérieux, efficace : Jugez si celui qui suit a ces qualités.

eux ; alors, l'ayant fait leur, afin de le propager et de
le faire aboutir, ils doivent se concerter en toutes
occasions et prendre, de préférence, comme mandataires des camarades ayant la conscience haute et
ferme, du bon-sens et un profond sentiment de Justice.

Programme général de la première étape républicaine socialiste (1).

(Ce programme, collectiviste-intégraliste-révolutionnaire, est imposé, par les électeurs, aux candidats à n'importe quel mandat).

Le citoyen... collectiviste-intégraliste-révolutionnaire, candidat au mandat de..., s'engage sur son
honneur, envers ses électeurs, tous les Français et
l'Humanité toute entière, par le présent programme
qu'il accepte, qu'il signe en plusieurs expéditions
sur papier timbré, et qui sera affiché partout où be-

---

(1) Ce programme n'indique qu'un premier pas à faire
dans une route d'évolutions efficaces, rapides et minterrom-
pues; il ne peut être regardé par les socialistes que comme
un dernier effort pacifique possible, comme un moyen de
conciliation, de ralliement et de propagande entre tous les
hommes de bonne volonté pour arriver à la révolution sociale
nécessaire.

soin sera, à en défendre et propager, en toutes circonstances, l'esprit et la lettre (1).

Art. 1er. — Réclamer, continuellement, qu'aucun mandat politique ou social ne puisse jamais: Dépasser la durée d'une année, sans être renouvelé dans une nouvelle élection; se cumuler avec une fonction gouvernementale rétribuée ou une situation, même gratuite, dans une société financière; s'obtenir que du suffrage des électeurs du milieu où il s'exerce, et par les citoyens et les citoyennes qui possèdent les conditions requises: Les conditions indispensables pour voter sur l'obtention de chaque mandat et pour l'obtenir, ses obligations et ses avantages doivent être établis par des actes législatifs soumis au referendum du suffrage universel.

Il faut que les mandats de: Delégué à l'exécutif, juges, maires, etc., etc., rentrent dans la règle générale.

Les mandats qui ont une durée prolongée sont imposés au peuple par la fraude, ils ne servent qu'à le duper: Les mandataires arrivant toujours, vers la fin de leur mandat, à donner un semblant de satisfaction à leurs mandants.

Quoiqu'il arrive, le candidat étant élu, donnera sa démission le...: S'il a bien accompli son mandat, ses électeurs le renommeront; sinon un autre le remplacera.

L'agitation et les réunions électorales ne peuvent

---

(1) Sur tous les détails de ce programme, pour un mandataire sincère, quel que soit son mandat, ces occasions sont incessantes: La discussion des budgets, surtout, lui donne les plus nombreuses, les plus diverses et les plus favorables.

que profiter à la propagande des idées socialististes et à la révolution sociale.

Réclamer toutes les mesures nécessaires pour : 1° Qu'à n'importe qu'elle élection, le programme de chaque candidat soit affirmé, signé et envoyé par lui à l'administration centrale du département ; 2° Que cette administration réunisse, obligatoirement et sans commentaires, tous ces programmes en un seul document ; qu'elle le fasse parvenir en temps utile à tous les citoyens qui ont droit de voter dans cette élection, ainsi qu'à tous les journaux politiques de la localité, lesquels auront obligation à l'insérer de suite et, *au moins*, le jour du scrutin ; en même temps, qu'elle joigne, pour chaque ayant-droit, des bulletins de vote ; seuls valables, portant chacun le nom d'un des candidats : 3° Que tout mandataire qui aura trahi, ou même outrepassé son mandat puisse être frappé d'un infâmant et très sérieux châtiment social, comme ayant commis un des plus pernicieux forfaits sociaux ; 4° Qu'à chaque session soit établie la statistique de chacun des points des programmes donnés aux mandataires ; 5° Que, successivement, chacun de ces points soit discuté, en commençant par celui qui a été voté par le plus grand nombre de mandants ; 6° Qu'après chaque session, chacune des décisions qui auront été prises par les différentes assemblées de mandataires soit soumise au reféréndum des électeurs.

Art. 2. — Proclamer, en toutes circonstances, qu'aliéner, si minime portion que ce soit, du sol de la patrie commune, y créer ou y prolonger des lois d'exceptions, des monopoles et des privilèges, ce sont les plus grands crimes sociaux ; les origines de toutes les inquiétudes, de toutes les luttes, de tous les maux dont, tous, nous souffrons.

S'opposer, énergiquement, à toute création nouvelle et à toute prolongation de privilèges et de monopoles, ainsi qu'à toutes lois d'exceptions: Ces lois ne sont que des expédients de politiqueurs aux abois, et ne profitent jamais à l'équité, ni aux faibles et aux travailleurs.

Dénoncer, sans merci, la moindre inexécution du cahier des charges de toute entreprise monopolisante; réclamer, **quand même,** son exécution stricte et des dommages et intérêts, au profit des communes et de la nation, pour tortes les infractions qui y seraient faites.

Les financiers qui se font adjuger, par les pouvoirs publics, un monopole veulent opérer, par lui, des bénéfices sur l'ensemble du travail national; ils ne doivent pas pouvoir échapper aux obligations qu'ils ont contractées.

Jusqu'à présent, quand ils font des spéculations qui périclitent, ce sont leurs clients qui sont ruinés; et les gouvernants, pour augmenter la bourse de ces financiers, leur donnent des garanties d'intérêts qu'ils prennent dans le budget national et qu'ils partagent avec eux.

Ce budget n'est alimenté, par reconduction, que des réductions de salaires faites à tous les citoyens qui travaillent utilement.

Réclamer des lois pour : Que, dans la nation, il ne puisse plus être aliéné, même temporairement, ni sous-sol, ni sol, ni sur-sol;

Que, dans l'état propriétaire, chaque commune établisse, gère et entreprenne, de plus en 'plus, tout ce qui peut y devenir propriétés collectives et tout ce qui peut s'y faire collectivement : L'État, par la force des choses et de plus en plus, deviendra l'association intime de tous les citoyens libres et égaux.

Réclamer, en toutes occasions, que les communes et la nation créent, de plus en plus, des services publics inaliénables ; à commencer par ceux répondant aux besoins les plus généraux, les plus actuels, les plus urgents.

Le premier à établir est celui de l'habitation.

A lui seul, par ses résultats économiques et sociaux, il rapprochera les citoyens les uns des autres. il permettra de supprimer, rapidement, les plus forts et les plus iniques impôts actuels : Les impôts indirects.

Ces impôts accablent hypocritement les travailleurs: En réalité, seuls les travailleurs paient des impôts.

Par le service public de l'habitation, les travailleurs échapperont, de plus en plus, aux monopoleurs les plus durs et les plus onéreux pour eux : Les propriétaires individuels.

Réclamer des lois pour que la nation et les communes puissent reprendre, au mieux de l'intérêt général, toutes les propriétés, les privilèges et les monopoles pouvant être socialisés : Banques, assurances, mines, canaux etc, etc, au moyen de rentes viagères individuelles non transmissibles, mais qui pourront — dans les conditions indiquées pour les héritages à la loi de finances réclamée à l'article 1 — être, alors, exceptionnellement, stipulées reversibles, en tout ou parties, au décès de leurs titulaires sur chacun de leurs héritiers.

(La nation et les communes pourront d'abord exploiter en services publics leurs récentes acquisitions sociales : En se servant des salariés nationaux qui y étaient employés, et en modifiant, progressivement, les conditions de leurs appointements, afin de s'approcher, de plus en plus, de ce principe : L'égalité des rétributions par l'équivalence des fonctions.)

Art. 3.— Refuser le payement de toute dépense qui est faite en dehors de budgets régulierement etablis.

Réclamer : Tous les documents qui peuvent, efficacement, servir à contrôler ces budgets ;

Que dans ces documents toutes les dépenses soient indiquées par : La quantité et l'objet de chacune d'elles, l'indication de chaque catégorie de fonctionnaires qui émargent au budget, le nombre de fonctionnaires qu'il y a dans chacune de ces catégories, la somme d'appointements perçus dans chaque fonction ;

Que toutes les fonctions soient rétribuées ;

Que l'armée permanente soit transformée en service public de la défense nationale aux exigences simplifiées et égales pour tous — **sans aucune exception** —; que les citoyens utilisés dans ce service ne puissent jamais être employés par les gouvernants dans les luttes intérieures économiques ou sociales, contre les représentants du travail et pour ceux du capital :

La suppression du Sénat, de la peine de mort et des : Fonds secrets, budgets de cultes, garanties d'intérêts, subventions, cumuls, sinécures, allocations, gratifications, compensations politiques ;

La réduction des gros traitements et l'élévation des plus faibles, lesquels ne doivent plus être inferieurs à 150 francs par mois dans les villes qui ont 80,000 habitants ;

Que la durée du travail dans les emplois au dessous de 3,000 francs ne depasse pas 8 heures par jours et 6 jours par semaine; que cette durée ne soit jamais moindre pour tous les emplois payes plus que cette somme. (1)

Un ministre, un cantonnier, un garçon de bureau, un maire, etc., sont des serviteurs de la collectivité : La collectivite doit payer tous ses serviteurs; les surveiller toujours rigoureusement, mais sans méfiance préconçue.

Art. 1. — Réclamer : Une nouvelle loi de finances qui abolisse la coutume de tester et pose, en principe, que celle de l'héritage sera supprimée progressivement, excepté pour les valeurs qui se consomment et se detruisent par l'usage, c'est-à-dire qui ne peuvent être, par nature, considérées comme propriétés collectives;

Que, présentement, seuls restent aptes à hériter : En première ligne les époux, en deuxieme, les enfants, en troisième, les petits-enfants, en qua-

------

(1) Tous les efforts individuels et ceux collectifs, ainsi que tous les actes législatifs restrictifs de l'exploitation de l'homme sur l'homme alors qu'ils n'attaquent pas la base individualiste et ne tendent pas à lui substituer celle collectiviste, en même temps qu'à établir une entente et une solidarité sociales de plus en plus complètes et générales, peuvent paraître utiles à l'intérêt des travailleurs, mais en fait, ils se retournent toujours contre eux : Ces efforts et ces actes ne sont que des palliatifs et des mirages trompeurs dont on abuse les travailleurs pour en obtenir la confiance; ces efforts ne peuvent servir qu'à prolonger la monstrueuse anarchie individualiste dont les victimes le plus fortement frappées sont les salariés.

trième, les pères et mères, en cinquième, les frères et sœurs, en sixième, les neveux et nièces, en septième, les petits-neveux et petites nièces, en huitième, la nation ;

(La première ligne existante excluant toutes les autres, et ainsi de suite.)

Que la part d'héritier d'un des époux ne puisse excéder 3,000,000 de capital ou 100,000 francs de rentes, celle de chacune des autres personnes 600,000 francs de capital ou 20.000 francs de rentes, et que le surplus de chaque héritage appartienne à la nation ;

Qu'au décès de toute personne qui détient une portion quelconque du sol, cette portion soit mise en vente publique et que la commune, le département ou la nation puisse l'acheter dans les mêmes conditions que tous les autres acquéreurs qui pourront se présenter ; enfin, que si l'adjudication reste à un ou plusieurs de ces derniers, elle soit grevée, au profit

---

Un exemple pris entre tous : Les limitations d'heures de travail dans les services publics sont faciles, efficaces et avantageuses ; ces mêmes limitations chez les particuliers sont impossibles et tyranniques à faire exécuter, surtout pour les salariés qui ont besoin de pain pour eux et pour leur famille ; de plus, comme tous les moyens analogues, ils ne peuvent servir à grouper les efforts de la majorité des travailleurs et ils détournent l'attention, de ceux d'entre eux qui se laissent prendre à ces palliatifs, des moyens efficaces qu'ils peuvent employer pour changer leur triste situation sociale ; ils auraient aussi l'inconvénient d'être un prétexte à l'augmentation des choses des plus nécessaires à l'existence des plus malheureux.

de la nation, d'un droit immédiat de mutation de 10 pour 100;

Que toutes les valeurs, portant intérêts, soient ramenées au titre nominatif dans un délai de six mois, après lequel toutes celles qui auraient été conservées au porteur seraient frappées, jusqu'à leur conversion, d'un droit de 5 pour 100, dont les Compagnies et les Sociétés financières seront comptables envers la nation. (1)

Art. 5. — Réclamer, sur les associations, une loi abrogeant toutes les précédentes.

Donnant aux membres de celles-ci toute liberté de penser, de parler, de se réunir, de se coaliser tant que, par aucun de leurs actes, ils n'empiètent sur cette même liberté chez aucun autre citoyen; leur interdisant la possession d'aucune partie du sol national, l'accaparement d'aucune matière première, ni d'aucun objet de nécessité.

Donnant un an à toutes les associations qui détiennent du sol national, pour qu'elles mettent en vente publique leurs propriétés terriennes dans les conditions stipulées à l'article 4 ; sont exceptées de cette mesure les compagnies et les sociétés qui le possèdent en vertu de lois stipulant que leurs exploitations doivent, à date fixe, faire retour à l'État.

Défendant que l'État, les départements, les communes mettent en location, quoi que ce soit de ce qui

---

(1) Pour éviter toute difficulté internationale, il faudra beaucoup de prudence dans la rédaction des lois que nécessitera l'exécution des mesures, de très grande importance sociale, que demande ce paragraphe.

leur appartient. pour une exploitation privée quelconque.

Art. 6. — Poursuivre, en remplacement de l'assistance publique actuelle, la formation d'un service général de solidarité mutuelle contre tous les maux naturels et sociaux : Vieillesse, infirmités, accidents, maladies, criminalités, etc., etc. (1).

Réclamer que dans l'enseignement supérieur, surtout aux chaires d'anthropologie, de biologie, de physiologie, de psychologie, de philosophie, d'études sur les civilisations comparées, à côté de l'enseignement officiel et officieux, il soit institué — sur l'individualisme et le collectivisme dans la nature et particulièrement dans l'humanité — des recherches, des cours, des conférences, des discussions libres et contradictoires entre professeurs d'opinions différentes, attachés ou non à l'enseignement officiel.

Qu'avec une sanction efficace, il soit interdit aux auditeurs toute manifestation pour ou contre, afin : De laisser l'opinion publique s'éclairer librement; que les professeurs aient toute la liberté et toute la

---

(1) Ce service devra être constamment un sujet d'études spéciales et d'applications pour que ses attributions prennent, rapidement et de plus en plus, un caractère préventif, curatif, transformateur et réparateur s'étendant à toutes les souffrances individuelles, ainsi qu'à tout ce qui est ou peut-être une cause de danger social

L'intérêt, la force, le devoir de toute société et de protéger également chacun de ses membres en prévenant, réprimant, réparant tout acte de violence criminelle ou maladive, individuelle ou collective, ainsi que toutes les éventualités et évènements fâcheux dont ils peuvent être ou ont été victimes.

responsabilité de leurs enseignements et de leurs affirmations.

Art. 7. — S'opposer à toute tentative pouvant restreindre le suffrage dit universel; chercher toutes les occasions de le rendre de plus en plus complet : Il est nécessaire que la femme dont les fonctions sociales sont, de par la nature, au moins aussi importantes que celles de l'homme, puisse devenir, le plus tôt possible, électeur et éligible à tous les mandats.

Réclamer que toutes les séances des assemblées 'élues et que tous les votes de leurs membres soient publics et publiés : Toute action qui, en quelque occasion que ce soit, a besoin du secret, ne peut être une action complètement avouable et utile à la collectivité.

Appuyer, par ses votes, toutes les propositions qui qui concorderont avec les mesures nécessaires ci-dessus, combattre, énergiquement, toutes celles qui leur sont contraires.

ENGAGEMENTS SPÉCIAUX (1).

. . . .

. . . .

———

Le candidat, s'il est élu, s'engage :
Pour la durée de son mandat et l'année suivante, à n'accepter aucune fonction gouvernementale rétri-

———

(1) A la localité où est posée la candidature.

7.

buée ou pouvant l'être ; aucune situation, même gratuite, dans une société ou compagnie financière.

A verser à son comité électoral — qui doit être composé de tous les électeurs qui désirent en faire partie — le cinquième de ses appointements de mandataire, afin que ce comité puisse toujours surveiller et contrôler ses votes et ses actes ; lui en demander compte ; propager, par tous les moyens possibles, ce programme de propagande socialiste et de première étape collectiviste.

A subir toujours et en n'importe quel lieu — s'il vient à manquer à un seul des points que comporte son présent mandat — l'affichage public de sa félonie.

Enfin, à reconnaître que tous les citoyens auraient le droit de le traiter en criminel très dangereux — si ayant manqué aux engagements solennels et publics qu'il signe ici — il profitait de la légalité pour échapper à la sanction ci-dessus indiquée.

.. .. candidat, le.....

Amis lecteurs, citoyens altruistes, qui êtes vraiment républicains socialistes, maintenant qu'ensemble, en nous servant des éléments que nous ont fournis l'observation et l'expérience générales, interrogées sincèrement, nous avons élaboré un programme des premières revendications — indispensables et suffisantes — en vue d'une marche en avant de la révolution sociale de l'Humanité ; marche en avant, succédant aux piétinements sur place, aux oscillations ou aux mouvements circulaires qu'elle n'a cessé de pratiquer jusqu'à présent, (1) terminons la tâche que nous nous sommes imposée en contrôlant ce programme avec les conditions que contient le problème de la **Question Sociale**, tel que les faits nous l'ont posé au commencement de cette petite étude.

Les revendications faites dans les sept articles de notre problème sont-elles équitables?

Oui :

Elles sont indispensables pour que tous puissent arriver, evolutivement, à ce qui sera leur véritable avantage : Posséder toute la somme possible de bien-être, de sécurité, de liberté, de savoir, d'émulation : De **développement;** alors, qu'aujourd'hui, gouvernés et gouvernants, meurt-de-faim et milliardaires : Personne ne possède, véritablement, une seule de ces nécessités sociales.

Elles ne réclament qu'une partie de ce qui doit être transformé pour le plus grand avantage de

------

(1) Si superficiels que soient les résultats d'une modification dans les conditions sociales d'un peuple, ceux qui profitent de cette modification cherchent toutes les occasions d'affirmer, dans leurs paroles et leurs écrits : 1° Que leurs sentiments sont tout d'union, de concorde, de fraternité, ce que démentent leurs actes; 2° Qu'une grande révolution, la Révolution sociale, a été faite et bien faite.

Les farceurs sinistres, ils sont les privilégiés de la situation et ils ne veulent, ni entendre les cris, ni voir la désespérance de la multitude de déshérités qui, autour d'eux, agonisent lentement dans un paupérisme sans cesse grandissant.

tous : Tout ce qui est à transformer n'existe, tel qu'il est aujourd'hui, qu'avec des origines d'iniquités violentes, fourbes et hypocrites.

Ces iniquités, toujours usitées, deviennent, de plus en plus, dangereuses à ceux qui les commettent et impitoyables à ceux qui les subissent;(par ces conséquences d'une loi naturelle : Toute cause produit, inévitablement, les effets qu'elle contient; mauvaise, elle ne peut produire que de mauvais effets; restant la même, ses effets s'accentuent toujours davantage.

Aussi, nos revendications s'attaquent elles aux causes mauvaises dont nous souffrons tous. Nous n'arriverons à traiter en ennemis et sans pitié ceux qui les exploitent et les soutiennent, que si leur égoïsme atavique les rend aveugles et sourds, **cérébralement**, à leurs véritables intérêts et à la voix de la justice.

Alors, malheur à eux ; car, de même que l'ingénieur fait sauter les masses granitiques qui sont obstacles à l'aplanissement de la route nécessaire qu'il doit tracer, les républicains-socialistes feront sauter les obstacles humains qui barrent la route à l'Humanité dans sa marche harmonique vers ses destinées.

Ces revendications sont-elles pratiques ?

Oui :

Elles peuvent être imposées, légalement, par le plus grand nombre, à la minorité, bestialement égoïste, qui ruserait pour les empêcher d'aboutir.

Leur application améliorera, certainement et le plus tôt possible, la situation mauvaise de ce plus grand nombre; sauvegardera l'existence de cette minorité qui serait, inévitablement, broyée dans le premier mouvement de fureur de ceux à qui elle rend son exploitation de plus en plus épouvantable.

Elles n'imposent à personne de sacrifices (1).

Elles offrent à tous des avantages et un terrain de **solide** entente.

Elles sont, dans l'état cérébral actuel de n'importe quelle nation, les seules sur lesquelles peut se grouper une minorité intelligente qui, rapidement, deviendra l'immense majorité.

Elles forment un ensemble, un premier tout dont toutes les parties se complètent réciproquement; tandis que séparées les unes des autres, elles ne sont que des palliatifs inefficaces et trompeurs.

Elles forment un tout, dont toutes les parties se soutiennent réciproquement.

---

(1) Les grèves et tous les moyens qui demandent aux travailleurs des sacrifices, si minimes soient-ils, sur leurs maigres possibilités de vivre, sont des procédés mauvais : Ils ne sont ni pratiques, ni efficaces, ni évolutionnaires, ni révolutionnaires.

Ils ont pour principaux inconvénients : De retarder l'entente nécessaire des exploités sur les efforts qu'ils doivent faire collectivement pour conquérir, promptement et sûrement, leur émancipation sociale et celle de leurs enfants ; de semer entre les travailleurs des germes de suspicions, de luttes et de haines dont bénéficie, en dernière analyse, l'exploitation capitaliste de laquelle ils sont esclaves et martyrs; d'exiger des salariés plus de sacrifices immédiats qu'ils ne pourront obtenir de bénéfices futurs : Toute l'expérience acquise prouvant que les employeurs s'ils ne sont pas, eux aussi, victimes de l'état social actuel, font payer à leurs

Elles n'ont aucun des aléas de l'inconnu d'une situation dont tous les facteurs sont bouleversés.

Elles ne peuvent amener aucune désillusion d'application ; par suite, elles ne permettront point, une fois de plus, un retour en arrière sur les positions conquises par elles.

Sont-elles efficaces?

Oui :

Elles sont claires et précises.

Elles s'attaquent aux principaux détails qui soutiennnent la base de l'organisation actuelle, qu'il s'agit de remplacer par une autre qui lui sera absolument opposée.

---

salariés, rapidement et durement, les succès **très rares** de leurs modiques revendications.

Les employeurs, dans les sociétés individualistes, ont pour auxiliaires contre leurs salariés non seulement le capital, la police, l'armée, la magistrature, les législateurs et les gouvernants, mais surtout la concurrence que la misère crée entre leurs outils humains; et la misère, cette terrible despote, force, hélas toujours, ceux qui n'ont d'autre capital que leur travail, leur intelligence, leur génie même à se courber sous les exigences terribles de la faim.

Remarquons que dans une société individualiste, l'équité, la sécurité et l'accord entre ses membres sont impossibles : La concurrence des employeurs entre eux et les nécessités que crée l'anarchie sociale, les rendent sans pitié pour leurs concurrents et pour ceux qu'ils exploitent.

Remarquons aussi que si, aujourd'hui, les travailleurs détruisaient tous les patrons, tous les rentiers, tous les capitalistes ils n'auraient pas pour cela détruit la forme individualiste ;

Elles ne s'egarent ni en des points secondaires inefficaces, ni en des palliatifs trompeurs et mensongers.

Leur importance peut être facilement comprise de tous.

Elles sont un drapeau sous lequel peuvent se rencontrer tous les hommes sincèrement républicains-socialistes.

Elles posent des principes dont l'accord avec la justice naturelle est facilement contrôlable.

Elles sont des indications, une lumière nécessaire dans les ténèbres où nous sommes aujourd'hui ; elles seraient cette même lumière, demain, dans le bouleversement d'une révolution sanglante et triomphante.

Elles mettent en demeure de les combattre, contra-

---

et, entre eux, ils arriveraient très promptement à ce que les plus égoistes et les plus rusés deviendraient de nouveaux patrons, de nouveaux rentiers, de nouveaux capitalistes : La seule chose efficace que les travailleurs doivent donc poursuivre, évolutionnairement et révolutionnairement, c'est la transformation absolue de la base de la société dont ils sont les spoliés.

Quelques socialistes sincères affirment, en toutes occasions, que la misere des travailleurs poussera ces derniers à la révolution sociale efficace ; l'observation rigoureuse des hommes et des faits prouve que cette opinion n'est pas exacte : La misère, hélas, démoralise les quatre-vingt dix-neuf centièmes de ses victimes ; elle peut les inciter à se rassembler pour des violences terribles, stériles pour l'humanité, fâcheuses pour elles ; mais cette misère ne les dispose en rien à s'unir pour édifier les conditions nécessaires à 'émancipation sérieuse de leur lendemain.

dictoirement, tous le partisans sincères de moyens différents.

Enfin, elles indiquent le commencement du chemin le plus court et le plus sûr pour arriver à l'Etat social le plus altruiste : le Communisme ; et, toujours, le chemin le plus court est le meilleur.

Sont-elles des moyens rapides ?

Oui :

Elles vont droit au but qu'il faut atteindre, en tenant compte de toutes les conditions que comporte la situation actuelle ; tant pour les institutions qui la soutiennent, que pour les hommes qui s'y meuvent.

Etablissent-elles la possibilité de l'organisation de l'avenir, et l'impossibilité d'un retour en arrière.

Oui :

Parce qu'elles attaquent les forteresses de l'individualisme et du capitalisme dans leur base fondamentale ; qu'en même temps, elles indiquent clairement l'organisation à établir et en jettent profondément les assises.

Qu'elles font la lumière sur les agissements qui ont fondé et qui perpétuent les anarchies sociales contemporaines.

Qu'elles crient, haut et ferme, que ce sont ces agissements qu'il faut combattre, avant tout ; parce qu'ils sont les plus terribles crimes humains et les causes de tous les maux sociaux.

Enfin, parce qu'elles mettent les mandataires en situation de remplacer par un mandat efficace, la confiance, plus ou moins aveugle, qu'ils accordaient à des hommes qui — alors même qu'ils n'auraient encore jamais failli à leurs promesses, — peuvent pour diverses causes y faillir demain; et qui, dans tous les cas, n'étant liés par aucun engagement précis et sérieux envers leurs mandataires, en sont réellement plutôt les maîtres que les mandants.

Maintenant faisons la preuve que l'organisation que nous poursuivons est nécessaire :

Si cette organisation ne venait pas remplacer celles d'aujourd'hui dans lesquelles les luttes, les ruses, les haines, les maux physiques et intellectuels de tout s sortes s'accusent chaque jour davantage, les hommes finiraient, avant peu, par se détruire eux-mêmes.

L'observation et l'expérience générales nous prouvent que pour qu'une espèce se perpétue et se perfectionne dans la nature, il faut qu'elle soit assez forte, par le nombre de ses membres et par leurs qualités, pour vaincre les difficultés des milieux où elle se meut.

L'espèce humaine ne peut que modifier, légèrement, ses différents milieux secondaires : Climatoriques, géologiques et autres ; mais elle a toutes les possibilités pour faire, harmonique à ses véritables besoins, son principal milieu. son milieu social.

Si ce milieu qui est, à lui seul, bien plus important pour elle que tous les autres, elle le continue en anarchie, comme elle l'a formé : Les maux du corps et de l'intelligence qui s'aggravent, de plus en plus, chez ses membres, fièvres, anémies, paralysies, névroses, folies, etc.; les empoisonnements de toutes natures, qu'ils subissent continuellement par les

denrées falsifiées et l'atmosphère viciée; les crimes
sociaux de toutes sortes dont ils sont les auteurs et
les victimes; les luttes individuelles; les guerres ci-
viles et celles internationales; l'état de malaise,
d'inquiétude, de surexcitation de chacun d'eux, qui
lui fait, depuis son premier vagissement jusqu'à sa
tombe, une vie d'angoisses, de tourments et de souffrances, etc., etc. **tout cela** amènerait pour l'Humanité des conditions semblables à celles qui ont
fait disparaître de la surface du globe d'autres espèces animales antérieures, dont on ne retrouve que
des traces paléontologiques.

Donc, l'organisation dont nous poursuivons la réalisation, qui détruira les causes qui ont amené l'état
social actuel et les maux qui en découlent, est nécessaire; plus, **même**, elle est indispensable.

Est-ce au bien de chaque individu et à celui de
toute la collectivité qu'elle est indispensable?

Oui :

La preuve nous en a été donnée aussi complète et
satisfaisante que possible par **tout** ce que nous
avons trouvé dans les recherches que nous avons
faites dans cette étude et dans les deux précédentes
sur le même sujet.

Est-elle la seule, possible?

Oui :

Car elle est la seule conforme aux indications de la
nature : Nous avons vu dans toutes nos recherches,
que cette conformité est prouvée, continuellement,
par l'étude consciencieuse de tout ce qui nous entoure;

Les premiers sont des arriérés, des coquins plus hypocrites. plus immondes et plus dangereux que les seconds : Ils sont les instigateurs des élucubrations et des violences de ces derniers.

Hélas, les uns et les autres ne cherchent qu'à se servir de nos efforts, de nos misères, de nos désespoirs, de notre sang pour satisfaire leurs appétits vaniteux de bestalité, haineusement, égoïste ; la vanité et la haine sont toujours pernicieuses et ne produisent,

---

que vous êtes incapables de comprendre une idée complète et les liens qui la rattachent à tout un ensemble — ils vous présentent des idées fausses ou inexactes, qu'ils soutiennent en établissant une confusion préméditée entre les différents mots dont ils se servent dans leurs discours et dans leurs écrits.

Pour n'en citer qu'un seul dont ils abusent, et ne vous parlant, seulement, que de ses principales acceptions sociologiques :

Socialement, le mot révolution prend pour significations principales : 1° La succession de modifications sociales qui doivent amener une société d'une organisation donnée à une autre qui lui sera diamétralement opposée; 2° un changement total de forme sociale, sans considérer par quel moyen ce changement s'opère : 3° un acte, ou une série d'actes de forces qui réussit à obtenir un changement de forme sociale ; etc.

Eh bien, travailleurs, pour juger la sincérité des hommes qui sollicitent votre confiance en s'intitulant : Républicains, socialistes, collectivistes, révolutionnaires, anarchistes, exigez de ces hommes qu'ils vous définissent, clairement, comment ils ont droit au titre qu'ils se donnent; et faites bien attention si dans leur passé, leurs paroles, leurs écrits, leurs actes, ils sont toujours d'accord avec la définition qu'ils choisissent pour légitimer la qualité qu'ils s'attribuent.

jamais, jamais rien d'utile à personne, tandis que la véritable bonté est : Energique pour combattre l'égoïsme, féconde pour servir l'équité et l'égalité pour tous.

Travailleurs, n'oubliez jamais : Que vos plus mortels ennemis sont les faux républicains, les faux socialistes, les faux révolutionnaires ; qu'une révolution violente ne vient pas parce qu'on la prêche, qu'elle ne peut être reculée parce qu'on prend des précautions hypocrites ou violentes contre elle.

Elle vient quand des nécessités intellectuelles et physiques la rendent urgente et inéluctable.

Pas une de celles du passé n'était prévue et voulue au moment où elle a éclaté ; ni par ceux qui l'ont faite, ni par ceux contre qui elle était faite. Seules, les insurrections stériles sont préparées à l'avance, mais aussi elles échouent dans le sang de ceux qui y participent ; tandis que, le plus souvent, ceux qui y poussent les autres restent dans leur cave.

Travailleurs, avant que vous ne soyez définitivement acculés à une révolution sanglante, ne vous laissez pas tromper en ce qui concerne les responsabilités de vos souffrances, sans quoi vous arriveriez à faire **inutilement** beaucoup de mal à l'humanité ainsi qu'à vous mêmes (1), soyez d'accord sur le

---

(1) La révolution violente n'est pas un but, elle est le suprême moyen que prennent les parias sociaux pour essayer de changer leur situation lorsque les autres procédés ne leur ont donné que des déceptions.

Ce moyen que les spoliés sociaux ont, continuellement, essayé dans tous les temps et dans tous les pays ; par lequel ils ont eu la victoire quelquefois, sans que, jusqu'à ce jour, ils en aient profité longtemps ; que des socialistes sincères

minimum de ce que, immédiatement, vous voulez dédruire et de ce que vous voulez édifier; alors cette révolution s'accomplissant et vous y étant victorieux, le lendemain, vous ne vous battrez pas les uns contre les autres, vous ne vous laisserez plus duper

---

préconisent comme le seul efficace, tandis que des pécheurs en eau trouble agissent de même; pour qu'il ne se retourne plus contre les travailleurs et contre l'Humanité, il est nécessaire : Que les masses prolétariennes connaissent exactement et s'étendent sur tout ce qui doit être fait le lendemain, de leur victoire révolutionnaire, et par quelles séries de mesures; sinon, leur divergence de vue et les besoins urgents et inéluctables qui s'imposeraient à elles les mettraient encore à la merci de dupeurs sans vergogne : Alors leur exploitation serait plus dure, pour eux, le lendemain de la révolution, qu'elle ne l'était la veille.

Et bien, la meilleure possibilité éducative des masses prolétariennes est le suffrage universelle; sans lui : Elles n'ont aucune facilité de s'instruire de leurs droits humains et sociaux; de se réunir et de s'accorder pour les conquérir; elles sont, toujours et inéluctablement, à la merci des ruses de leurs exploiteurs actuels et à celles de ceux qui aspirent à les exploiter demain.

Les travailleurs qui ne votent pas : Désertent leur devoir et la cause de leurs camarades; ils gaspillent le meilleur moyen que possedent les salariés de se grouper, de se compter, de se concerter, de conquérir leur émancipation; ils abandonnent leur droit social le plus pratique et le plus efficace; à leurs exploiteurs, ils donnent des armes contre eux et contre leurs camarades de misère.

L'Humanité, dans ses différents groupements sociaux, a essayé toutes les formes possibles d'état social basé sur l'individualisme; toutes ces formes ont comporté, continuellement, d'abominables souffrances individuelles, des dissen-

-- Comme dans tous les cas analogues du passé — par des renards humains qui, lorsque vous vous débattrez dans de graves difficultés intérieures et extérieures, que vous serez aux prises avec des besoins urgents et impitoyables, ne demanderont qu'à vous rendre le service d'une dictature.

---

tions intestines et une insécurité générale ineludables qui ont toujours été les causes réelles de la désorganisation définitive de tous ces groupements ; donc, ces causes sont des conséquences inévitables de la base sociale individualiste, et cette basse est un principe pernicieux pour tous.

Dans les formes d'état social basé sur l'individualisme, celle qui est encore préférable, c'est celle de la République ; parce que — pour persister — il faut : 1° qu'elle s'appuie sur le suffrage universel, honnêtement pratiqué ; 2° qu'elle demande de l'honnêteté à tous, surtout à ses fonctionnaires, et tout particulièrement à ses magistrats et à ses législateurs ; 3° qu'elle élabore et applique, continuellement et de plus en plus, des lois d'équité et d'égalité ; 4° qu'elle s'affirme comme un état de transition à parcourir, rapidement, vers un état de collective Solidarité.

Les plus dangereux, les plus coquins, les plus terribles ennemis de la République et de votre émancipation, travailleurs, ce sont vos ennemis hypocrites, les égoïstes suivants :

Les législateurs qui — s'étant appropriés frauduleusement l'étiquette de républicains pour masquer leurs appétits — n'ont pas rempli leur mandat, et ont, ainsi, escroqué la confiance de leurs électeurs ;

Les détenteurs du pouvoir qui — se disant républicains — commettent des actes arbitraires, attentent à la liberté de leurs concitoyens, provoquent des lois d'exceptions et entraînent, par leurs forfaits, leurs concitoyens à la guerre civile ou à celles étrangères ;

Les aspirants législateurs et dictateurs qui — se déguisant

Dans ces moments difficiles, les dictateurs que vous vous seriez donnés auraient, facilement, les moyens de continuer, à leur profit, les errements du passé dont vouses périez vous être débarrassés.

---

en républicains, en socialistes, en révolutionnaires — essaient de tromper le peuple afin d'en obtenir des mandats ;

Les journalistes et les écrivains — soi-disant républicains — qui trompent le peuple, disant noir quand c'est blanc et blanc quand c'est noir dans les affaires d'intérêt général :

Les magistats et les juges qui — complaisants pour les détenteurs du pouvoir, ayant deux poids et deux mesures dans l'exercice de leurs fonctions — font, par leurs actes, douter de la possibilité de la justice humaine ;

Lss financiers qui soldent des journalistes et des écrivains pour mentir à la vérité et la justice, c'est-à-dire à l'intérêt de tous, et qui monopolisent — légalement ou non — les instruments de productions, les matieres premieres et les objets de première nécessité.

Travailleurs prenez note chaque jour des forfaits commis par les bandits qui sont catalogués ci-dessus — *surtout de tous ceux commis par les premiers désignés* — parce que sans leurs divers crimes sociaux, la raison d'être de tous les autres irait toujours en diminuant ; et que, lorsque votre jour viendra, si vous avez dû conquérir la possibilité de votre émancipation par la force, la sécurité de cette émancipation, qui sera le point de depart de celle de l'Humanite tout entière, vous fera un devoir d'être, en même temps, juges et justiciers éclairés, équitables et fermes ; alors, quelle que soit la rigueur du châtiment dont vous frapperez les coupables, **l'équitable** histoire et leurs enfants **même** proclameront que vous avez eu raison.

Travailleurs, pour arriver à vous entendre, soyez indulgents les uns envers les autres ; n'oubliez pas que ce sont les puerils désaccords que vous avez entre vous qui font les possibilités de votre exploitation et la sécurité de vos dupeurs.

Donc, travailleurs des villes et des champs, du bureau et de l'atelier, de l'usine et du magasin, des sciences, des lettres et des arts pour vous, pour vos enfants, pour l'Humanité entendez-vous, groupez-vous, réclamez tous vos droits et faites tous vos devoirs sociaux. (1)

DERNIER MOT SUR CETTE DERNIERE EDITION

Pauvres écrits, depuis que je cherche à vous propager par tout les moyens possibles, que de souffrances je vous dois.

Ma conscience, seule, me soutient; elle me crie que mes recherches constantes, sincères, sérieuses, ont fait œuvre exacte et utile.

Si je me trompe, lecteur, j'espère que je ne t'aurais fait perdre que quelques instants; si j'ai raison quel bonheur!!!

Quoi qu'il en soit, je reconnais que ces écrits — résultats de mes études, de mes recherches, de mes observations et expériences de plus de trentes années — sont au moins imparfaits et incomplets par mon insuffisance; aussi, j'espère que d'autres cher-

---

(1) Avec vous chers lecteurs, dans une prochaine étude, nous étudierons : Les écueils qu'il nous faut éviter, les difficultés que nous avons à surmonter, les moyens que nous devons employer afin de nous entendre pratiquement dans nos efforts: pour les solidariser, les universaliser et les rendre efficaces.

cheurs les perfectionneront et les complèteront, ou les rectifieront, s'il y a lieu.

Septembre 1888.   Ed. B.

———

Mon désir de contribuer à la recherche de la vérité, autant que me le permet mon insuffisance, me fait affirmer aujourd'hui, à nouveau, espérant que mon appel sera enfin entendu, non pour moi, mais pour la vérité que l'égoisme universel étouffe le plus qu'il peut, me fait affirmer, dis-je, que je m'engage, toujours, à discuter, oralement et verbalement, le bien fondé des présents écrits, ainsi que les affirmations générales suivantes qui sont leur conclusion dernière :

Il est certain pour tous les penseurs impartiaux et sagaces : Que la continuation de l'état social individualiste aggrave, chaque jour, pour l'Humanité un cataclysme imminent et épouvantable ; qu'elle crée, chez la majorité des hommes, des haines sanglantes qui seront sans merci ; qu'elle entraîne les peuples à une série de destructions **intérieures** et extérieures de plus en plus rapprochées et impitoyables, dans lesquelles seront englouties les meilleures acquisitions de l'Humanite, et, finalement, l'Humanité elle-même ; qu'elle génère de plus nombreuses et insurmontables difficultés que n'en peut avoir l'évolution rapide et la transformation absolue de cet état ; que, pendant cette évolution et dans cette transformation, aucun individu ne sera amoindri dans ses réels avantages personnels et sociaux, qu'au contraire, il pourra, plus facilement, les développer à son profit et à celui de tous : Seuls, la vanité, les actes haineux et anti-sociaux seront impitoyablement réprimés, ce qui sera un bien pour chacun et pour tous.

Enfin, il est également certain qu'aimer plus autrui que soi-même, c'est pour chaque homme, comme pour chaque être : La plus haute obligation, le plus excellent idéal de conduite, le meilleur moyen de développement et la plus parfaite condition de liberté et de bonheur.

Mars 1830.

Ed. B.

TABLE ALPHABÉTIQUE

Des sujets plus particulièrement définis **Philosophiquement**
au point de vue COLLECTIVISTE-INTEGRAL-REVOLUTIONNAIRE
d la 20e proposition de la 1re étude de cet ouvrage.

Paris. — Typ. A. DAVY, 52, rue Madame.

Paris.   Typ. A. DAVY, 52, rue Madame.

9 782019 301064